경험과 사례를 바탕으로

성공을 이끄는 공직 생활 코칭

경험과 사례를 바탕으로
성공을 이끄는 공직 생활 코칭

초판 1쇄 발행 2025년 1월 8일

지은이 오세철
펴낸이 장길수
펴낸곳 지식과감성⁺
출판등록 제2012-000081호

교정 정은솔
디자인 정윤솔
편집 정윤솔
검수 한장희, 윤혜성
마케팅 김윤길, 정은혜

주소 서울시 금천구 벚꽃로298 대륭포스트타워6차 1212호
전화 070-4651-3730~4
팩스 070-4325-7006
이메일 ksbookup@naver.com
홈페이지 www.knsbookup.com

ISBN 979-11-392-2353-8(03190)
값 16,700원

- 이 책의 판권은 지은이에게 있습니다.
- 이 책 내용의 전부 또는 일부를 재사용하려면 반드시 지은이의 서면 동의를 받아야 합니다.
- 잘못된 책은 구입하신 곳에서 바꾸어 드립니다.

지식과감성⁺
홈페이지 바로가기

경험과
사례를
바탕으로

성공을
이끄는
공직 생활
코칭

오세철 지음

지식감정

시작하는 말

과거에는 공직자를 '공복(公僕)'이라고 표현하는 것이 일상이었고, 공직자를 '내가 내는 세금으로 먹고 사는 것들'이라며 비난하는 사람도 많았다.

나는 이 말에 동의하지 않는다. 공직자가 하는 일은 공익을 추구하는 일이고, 공직자가 받는 보수의 재원이 모두 국민의 세금으로 이루어지는 것은 맞다. 그렇지만 공직자가 받는 보수는 일의 대가로 받는 급료(給料)이고, 공직자가 하는 일의 유형이나 내용이 공익을 목적으로 하는 일이다. 그렇기 때문에 나는 이런 말을 들을 때마다 공직자는 공익을 추구하는 일을 전문적으로 하는 직업인이지 머슴이 아니라고 항변하곤 했다.

공직에 입문하는 목적은 사람에 따라 조금씩 다를 수 있다. 그렇지만 대부분의 경우 직업의 하나로 선택한다. 그럼에도 불구하고 공직자들이 받는 보수는 비슷한 수준의 일을 하는 일반 직업인들이 받는 보수와 비교할 때 훨씬 적다. 그렇기 때문에 정부에서는 명예롭게 퇴직하는 공직자에게 훈장을 수여하고, 퇴직 후 최소한의 생계를 보전해 주기 위해 퇴직연금제도를 운영하고 있다.

그렇지만 단순히 훈장이나 퇴직연금만 믿고 행복한 공직 생활을 기대하기에는 현실적으로 보수가 너무 적다. 그렇기 때문에 공직자는 보수 이외에 추가적으로 만족을 느낄 수 있는 무언가를 스스로 찾지 않으면 공직 생활을 행복하게 이어 가기 어렵다.

나는 37년의 공직 생활 동안 누구보다 많은 성취감과 보람을 느꼈다고 자부하고 있다. 그런 의미에서 나의 공직 생활은 성공적이었고 행복했다고 생각한다. 물론 나의 성공과 행복은 모두 사랑하는 아내의 헌신적인 내조가 있었기 때문에 가능했다는 것을 밝힌다.

정년퇴직을 1년 정도 앞둔 어느 날, 이런 나의 공직 생활 경험에 대한 이야기를 퇴직 후에 후배들과 나누었으면 하는 생각을 했다. 그래서 생각한 방법이 공직자를 대상으로 하는 강사가 되는 것이었다.

그 후, 나의 공직 생활 경험을 바탕으로 후배 공직자들에게 직업인으로서 성공하는 것은 물론이고. 공직 생활을 통해 보다 많은 성취감이나 보람을 느끼는 행복한 공직자가 되려면 어떤 마인드로 어떻게 해야 하는지 그 방법으로 공직 초년생뿐만 아니라 공직을 희망하는 취업준비생을 대상으로 하는 〈공직의 길〉을 비롯해서 중견 실무자와 공직의 꽃이라고 불리는 사무관들에게 도움을 줄 수 있는 〈공직자의 마음가짐〉, 〈성장의 발판 평판 관리〉, 〈업무관련 공적 소통〉, 〈팀장의 자질과 역할〉, 〈적극행정, 공직자 성공의 조건〉, 〈보고서 작성 요령〉

등의 강의안을 작성했다.

그런데 청렴연수원에 '청렴교육 전문 강사'로, 인사혁신처에 '적극행정 전문 강사'로 등록하고, 공직자를 대상으로 강의 활동을 시작했지만 강의는 요청하는 기관에서 정해 주는 주제를 중심으로 해야 하기 때문에 내가 공직자들에게 들려주고 싶은 내용을 강의할 수는 없었다.

그래서 나의 경험을 후배들에게 전하기 위해 준비했던 강의안을 종합해서 책을 만들게 되었다.

이 책은 공직자에게 성공의 조건인 성취감과 보람을 찾으려면 어떻게 해야 하는지 그 방법에 대해서 나의 경험을 바탕으로 6개의 장으로 구성했다.

〈1장 공직의 이해〉에서는 공직의 길은 무엇이고, 공직 생활 과정에서 형성되는 기관과 동료와의 관계에 대해서 살펴본 다음, 공직 목표를 무엇으로 정하는 것이 바람직한지 등 공직 생활에 대한 기본적인 이해를 돕는 내용으로 작성했다.

〈2장 공직 마인드〉에서는 첫째, 자신이 관여한 모든 일의 결과는 내 책임이고 내 탓이라고 인식하고, 둘째, 법과 원칙을 지키며, 셋째, 자신에게 주어진 재량을 최소화하고, 넷째, 기회와 준비의 상관관계를 믿으며, 다섯째, 성공한 공직자로서 갖추어야 할 자존감에 대해 정리했다.

〈3장 긍정적 평판을 만들자〉에서는 평판이란 무엇이고, 평판을 관리해야 하는 필요성과 유형을 살펴본 다음, 조직에서 꼭 필요한 사람이라는 인정을 받을 수 있도록 평판을 관리하는 방법 등에 대해서 설명했다.

〈4장 업무관련 공적 소통〉에서는 공직 생활에 필요한 소통 방법을 하향적 소통과 상향적 소통 그리고 수평적 소통으로 구분해서 사례를 중심으로 설명했다.

〈5장 팀장의 자질과 역할〉에서는 모든 공직자는 담당 업무에 관해서는 리더가 되어야 하기 때문에 현장에서 조직의 설치 목적을 달성하기 위해 앞장서는 전술적 리더인 팀장을 중심으로 팀장의 자질과 역할 그리고 팀장이 갖추어야 할 마인드 등에 대해 살펴보았다.

〈6장 적극행정, 공직자 성공의 조건〉에서는 적극행정을 왜 해야 하는지 그 필요성에 대해 살펴본 다음, 공직사회의 문화지체 현상인 소극행정 사례를 제시하고, 소극행정을 예방하고 근절하는 방법 그리고 적극행정을 실천하는 방법과 사례 등을 살펴보았다.

이 책을 읽는 공직자들 모두 공직 생활을 통해 많은 성취감과 보람을 느끼는 성공한 공직자가 되길 소망한다.

글을 마무리하면서, 이 글의 초안을 꼼꼼히 읽어 보고 많은 조언을 해 준 전진아 사무관님과 Z세대인 황진경 주무관님께 감사의 마음을 전한다.

Contents

시작하는 말   4

1장   공직의 이해
01 공직의 길   12
02 공직 생활에서 형성되는 관계   16
03 공직 생활의 목표   29

2장   공직 마인드
01 모든 결과는 내 책임, 내 탓   38
02 법과 원칙을 지키자   46
03 재량을 최소화하자   49
04 기회와 준비의 상관관계   54
05 성공한 공직자의 자존감   61

3장   긍정적 평판을 만들자
01 평판이란   66
02 평판 관리의 필요성과 유형   71
03 평판 관리 방법   76
04 명심할 것 두 가지   85

4장 업무관련 공적 소통

01 소통의 필요성과 유형　　　　　　　　**90**
02 하향적 소통　　　　　　　　**93**
03 상향적 소통　　　　　　　　**103**
04 수평적 소통　　　　　　　　**113**
05 소통 마인드　　　　　　　　**123**

5장 팀장의 자질과 역할

01 팀의 특성　　　　　　　　**134**
02 팀장의 자질　　　　　　　　**139**
03 팀장의 역할　　　　　　　　**149**
04 팀장의 마인드　　　　　　　　**166**

6장 적극행정, 공직자 성공의 조건

01 적극행정이 필요한 이유　　　　　　　　**170**
02 소극행정을 예방하자　　　　　　　　**180**
03 적극행정을 실천하는 방법　　　　　　　　**193**
04 적극행정 지원제도　　　　　　　　**210**

마무리하며　　　　　　　　**214**

1장
공직의 이해

01 공직의 길
02 공직 생활에서 형성되는 관계
03 공직 생활의 목표

    공직 생활은 공익을 추구하기 때문에 다른 직업인들보다 일을 통해서 사회적 성취감이나 보람을 느낄 수 있는 기회가 많다는 것이 가장 큰 장점이다.
    성공한 공직자란 바로 일을 통해서 많은 성취감과 보람을 느끼는 행복한 공직자라고 할 수 있다.
    그런 의미에서 행복한 공직자가 걷는 공직의 길은 어떤 길이고, 공직 생활에서 형성되는 관계는 어떤 관계이며, 공직 생활의 목표는 무엇으로 해야 하는지 등에 대해 살펴보기로 한다.

01

공직의 길

 이 글을 읽는 대부분의 사람들은 적어도 한두 번씩은 구불구불한 산길을 걸어 본 경험이 있을 것이다. 산길의 초입에서 눈앞에 전개되는 길을 살펴보면 초입의 양옆에는 꽃들이 피어 있는데, 조금 안쪽에는 꽃이 없고, 더 안쪽에는 길이 어떻게 이어지는지 알 수 없다. 공직의 길도 이처럼 구불구불한 산길과 다르지 않다.

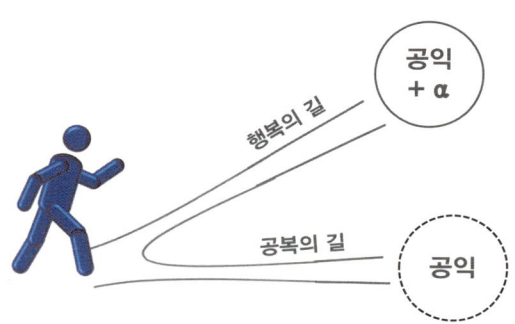

 공직의 길은 크게 '공복의 길'과 '행복의 길'로 구분할 수 있다. '공복

의 길'이란 공공의 머슴으로 생활하는 것으로 보수를 받기 위해 단순히 하라는 일만 수동적으로 하는 공직자의 길이고, '행복의 길'이란 단순히 하라는 일만 수동적으로 하는 것이 아니라 일을 통해서 자신이 행복을 느낄 수 있도록 능동적으로 일을 찾아서 공익을 추구하면서 보다 많은 성취감과 보람을 느끼는 공직자가 걷는 길이다.

공직의 길은 공직자의 수만큼 많다. 모든 공직자가 걷는 길이 하나의 공직의 길인 것이다.

그렇기 때문에 공직에 입문한 초기의 목적은 같다 하더라도, 공직에 입문한 후에 일을 하는 방법이나 목적에 따라 공직 생활에서 느끼는 행복지수는 크게 다를 수 있다. 기왕에 걷는 공직의 길이라면 행복의 길을 걸을 수 있도록 노력하는 것이 자신뿐만 아니라 공익을 위해서도 바람직하다.

요즈음 많은 사람들이 행복의 조건으로 일과 삶의 균형을 맞춘다는 워라벨을 꿈꾼다. 여기서 '균형'에는 많은 의미가 있겠지만 우선 생각할 수 있는 것은 '시간'이다. 그런 의미에서 법령으로 근무시간을 규정하고 있는 공직자를 '워라벨의 끝판왕'이라고 표현하는 것 같다. 그런데 워라벨이란 말이 유행하면서 오히려 그 말이 유행하기 이전보다 공직 생활이 더 팍팍해진 것처럼 느껴진다. '워라벨 끝판왕'이란 주로 비교적 출퇴근 시간이 정확하게 지켜지는 학교에서 근무하는 교직원이나 가장 하급기관에서 근무하는 9급 또는 8급 공직자의 일부에게나 해당되는 말이다. 현실적으로 대부분의 공직자들에게는 '워라벨 끝판왕'이란 말이 전혀 해당되지 않는다.

워라벨을 측정하는 기준은 무엇일까?

　워라벨은 어느 특정일 하루나 일주일 등의 짧은 특정 기간을 기준으로 측정하는 것이 아니라고 생각한다. 만약 그렇다면 대부분의 공직자들은 워라벨을 꿈꾸기 어렵다.

　사람은 태어나서 죽을 때까지 삶의 형태가 수시로 변화한다. 삶의 목적이 '행복'을 추구하는 것이라면, 워라벨은 짧게는 몇 년에서 길게는 몇십 년의 오랜 기간을 평균값으로 측정해야 신뢰받을 수 있다. 그뿐만 아니라 대부분의 사람들이 정년퇴직 후에도 건강관리를 위해 무언가 일을 해야 한다고 말한다. 그렇다면 정년퇴직 후에 하는 일도 워라벨에서 말하는 일과 같은 의미일까? 백만장자가 하는 일도 워라벨에서 말하는 일과 같은 의미일까? 아닐 것이다.

　'일'에도 여러 가지 의미가 있다고 생각한다. 대부분의 경우 생계를 위해 돈을 버는 것을 목적으로 하는 일을 의미하지만, 행복을 목적으로 하는 일도 있는 것이다.

　워라벨에서 말하는 일과 삶의 의미는 서로 상대적인 개념이다. 그런데 공직자뿐만 아니라 모든 사람들이 하는 일은 크게 수동적인 일과 능동적인 일로 구분할 수 있다. 수동적인 일이란 스스로 움직이지 않고 다른 것의 작용을 받아서 하는 일이고, 능동적인 일이란 다른 것에 이끌리지 아니하고 스스로 하는 일을 말한다. 수동적인 일은 자신의 의지와 상관없이 하는 일이기 때문에 일을 하는 과정에서 행복을 느끼기 어렵고, 그 일의 성과가 좋았을 때에만 행복을 느낄 수 있다. 반면에 능동적인 일은 자신이 선택해서 하는 일이기 때문에 일의 성과가 좋았을 때는 물론이고, 일을 하는 과정에서도 행복을 느낄 수 있다.

그런 의미에서 수동적인 일은 워라벨에서 말하는 일에 해당되고, 능동적인 일은 워라벨에서 말하는 삶의 일부에도 해당되는 일이라고 할 수 있다. 그렇기 때문에 수동적인 일보다 능동적인 일의 비중을 높일 수 있다면, 적은 보수라고 하더라도 일과 삶에 균형이 있는 행복한 삶을 추구할 수 있을 것이라고 생각한다.

법륜스님은, '강연장에서 청중의 질문에 즉석에서 답하는 것은 즉문즉답이 아니라 즉문즉설'이라면서 그 이유는 '인생에는 답이 없고, 자기가 선택하고 책임지는 게 인생이기 때문'이라고 말했다.

이 책은 9급으로 시작해서 3급으로 정년퇴직하기까지 37년 동안 겪은 공직 생활 경험을 바탕으로 작성했기 때문에 과거와 현재의 공직 환경 차이로 인해서 다소 공감하기 어려운 부분도 있을 수 있다. 그런 부분이 있다면, 과거와 현재의 공직 환경 차이에서 비롯된 것으로 이해하기 바란다. 물론 나의 공직 생활 경험뿐만 아니라 어느 누구의 공직 생활 경험도 정답이라고 말할 수는 없다. 그렇기 때문에 현실에서 만나는 문제점에 대한 답은 이 책을 참고삼아 스스로 찾아 자신만의 행복한 공직의 길을 걸어야 한다.

02
공직 생활에서 형성되는 관계

인간은 사회적 동물이기 때문에 살아가는 동안에는 어떤 형태로든 다른 사람들과 관계를 맺고 살아간다.

공직자들은 공직에 입문하는 순간부터 기본적으로 두 가지 관계를 맺게 된다. 하나는 소속기관과의 관계이고, 다른 하나는 선후배 동료들과의 관계이다.

기관과의 관계

공직자들에게 "선생님은 소속기관과 어떤 관계입니까 '갑'인가요 '을'인가요?"라고 물으면 대부분의 공직자들은 스스로를 '을'이라고 대답한다.

공직자는 왜 자신이 '을'이라고 할까?

공직자는 소속기관과 일종의 고용관계에 있다. 고용관계는 계약으로 이루어지며, 모든 계약은 원칙적으로 대등한 관계로 이루어진다.

다만, 계약 당사자를 약칭으로 표기하기 위해서 '갑', '을'이라고 구분한 것이다.

일반적으로 계약을 발주한 사람을 '갑'이라 하고, 계약에 응한 사람을 '을'이라고 한다. 그렇다면 기관과의 관계에서 자신이 '을'이라고 대답한 공직자는 고용계약에 응한 사람이기 때문에 '을'이라고 대답한 것일까?

아니다. 일반적으로 '갑'과 '을'의 관계를 '권리자'와 '종속자' 관계로 인식하고 있다. 그러니까 기관과의 관계를 '을'이라고 대답한 공직자의 말 속에는 자신이 '종속자'라는 의미를 내포한 것으로 이해할 수 있다.

공직자와 소속기관의 관계를 바르게 이해하기 위해서는 그 관계가 형성되는 과정을 살펴볼 필요가 있다.

공직자들이 공직에 입문하는 과정은 일반적으로 공공기관에서 공직자 채용시험 계획을 공고하면, 공직을 희망하는 취업 준비생들이 채용시험에 응시하게 되고, 응시자들 중에서 성적이 우수한 사람을 공공기관이 선발하는 순으로 이루어진다.

이 과정에서 분명한 것은 공직자가 소속기관에 자신을 채용해 달라고 요청한 것이 아니라, 소속기관이 필요에 의해서 자신을 선발했다는 것이다. 또한 공직자들이 근무하는 기본 목적은 보수를 받기 위한 것으로 보수를 지급하지 않아도 근무할 사람은 아무도 없다.

그렇기 때문에 공직자가 공직에 임용되는 과정에서는 기관과 대등한 관계이지 종속적 관계로 볼 수 없다. 그럼에도 불구하고 공직자들은 스스로를 종속된 사람이라고 생각하고 있다. 그 이유는 근무하는 과정에 승진이나 성과평가, 전보 등과 같이 공직자들이 스스로 결정하거나 관여할 수 없는 것에 집착하기 때문이다.

공직자와 기관의 관계는 근무하는 과정에 공직자가 달성하는 업무성과에 따라 수시로 변한다.

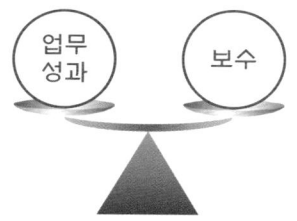

업무성과가 기관에서 지급하는 보수 수준과 비슷하다면 기관과 대등한 관계라고 할 수 있다. 업무성과가 보수 수준을 초과한다면 '갑'이 되고, 업무성과가 보수 수준에 미달한다면 '을'이 되는 것이다.

여기서 업무성과와 보수 수준을 어떻게 비교할 수 있느냐고 반론을 제기할 수 있다. 물론 공직자는 어떤 물건을 정해진 시간 내에 얼마나 생산해야 한다는 것 같은 가시적으로 업무성과를 측정할 수 있는 기준이 없기 때문에 물리적으로 비교할 수는 없다. 그렇지만 복무기준에서 정하는 통상적인 노력을 기울여 근무했다면 보수 수준에 맞는 업무성과를 거둔 것으로 가정할 수 있다.

업무성과가 보수를 초과해서 '갑'인 공직자를 기관에서는 꼭 필요한 사람이라고 한다. 이처럼 기관에 꼭 필요한 공직자는 기관에 종속되지 않고 당당할 수 있다. 반면에 업무성과가 보수에 미치지 못하는 공직자는 기관에 종속될 수밖에 없는 것이다.

지방행정서기보시보로 공직 생활을 시작한 첫 근무지는 충남 아산에 있는 ○○중학교였다. 지금도 어렵지만, 당시에는 대전에서 출퇴근이 불가능한 거리였기 때문에 학교 인근에서 하숙 생활을 할 수밖에 없었다. 하숙비가 월 6만 원인 그 하숙집에는 ○○중학교에서 근무하는 교사 4명이 함께 하숙 생활을 했다. 그런데 교사들보다 월급이 훨씬 적다는 것을 알고 있는 하숙집 아주머니가 다른 교사들 모르게 하숙비를 월 5천 원씩 감해 주었다.

부임해서 처음 맡은 일이 봉급업무였는데, 근무하고 한 달 후에 내 손으로 계산해서 받은 봉급이 10만 원도 안 됐다. 당시 대전시에 있던 '주식회사 △△방직'이란 중소기업에서 사무직으로 근무하던 내 친구는 세금과 보험료 등의 공제액을 제외한 실수령액이 15만 원을 조금 넘는다고 했다. 나는 군복무 기간을 호봉에 반영해서 3호봉을 받았고, 학교에서만 추가로 받는 육성회수당이 포함됐어도 실수령액이 10만 원도 안 돼서 친구에게 말하기도 부끄러웠다.

하숙비 5만 5천 원에 어머니에게 드리는 3만 원의 생활비 그리고 한 달에 두 번 집에 갔다 오는 교통비를 빼면 남는 돈이 거의 없었다. 지금은 담배를 피우지 않지만 당시에는 2일에 한 갑씩 담배를 피웠다. 가장 비싼 한산도가 200원이었는데, 나는 150원짜리 청자를 피웠다.

당시 숙직비가 하룻밤에 700원이었다. 나는 담뱃값을 벌기 위해 숙직을 자청해서 한 달에 보통 5,000원이 넘는 숙직비를 받았고, 방학 때는 10,000원이 넘는 숙직비를 받기도 했다.

○○중학교에서 근무한 지 6개월이 지나 지방행정서기보시보에서 시보를 뗀 어느 날, 당시 아산군교육청 서무계장(현 총무팀장)님으로부터 전화가 왔다. 전화 요지는 교육청에 와서 일할 생각이 있느냐는 것이었다. 매우 좋은 기회였지만, "말씀은 고맙습니다만 어렵습니다." 하고 거절했다. 그 이유는 당시 10만 원도 안 되는 월급 속에는 학교에서만 지급하는 육성회수당이 포함되어 있었는데, 교육청으로 가면 육성회수당을 받을 수 없어 당시 월 8만 원씩 하던 온양 읍내의 하숙비를 낼 수 없었기 때문이었다.

지금은 공직자의 처우가 많이 좋아졌다고 한다. 그렇지만 다른 직업인들의 보수 수준과 비교하면 과거와 크게 다르지 않다. 그렇기 때문에 높은 경쟁률을 뚫고 9급 공무원에 임용된 신규 공무원들이 공직을 떠나는 사례가 종종 발생하는 것은 당연한 결과라고 생각한다. 그렇다면 공직 생활을 포기해야 할까? 그것은 아니다.

공직 생활, 앞으로 밑지고 뒤로 남는 장사!

공직자가 하는 모든 일은 공익을 추구하기 때문에 사익을 추구하는 다른 직업인들보다 안정적이며 떳떳할 수 있고, 일을 통해 사회적 성취감이나 보람을 느낄 수 있는 기회가 많다는 장점도 있다. 그런 의미에서 공직 생활은 앞으로 밑지고 뒤로 남는 장사라고 생각한다.

공직자가 받는 보수는 일반 회사 수준보다 훨씬 적기 때문에 공직에 입문한 목적이 오로지 돈을 벌기 위한 것인 공직자나, 업무성과도 보수 수준만큼만 거두면 된다고 생각하는 공직자가 있다면 하루라도 빨리 공직을 떠나는 것이 자신뿐만 아니라 사회를 위해서 이롭다. 동료들 중에 혹시 그런 사람이 있다면 그런 사람과는 거리를 두는 것이 좋다. 그런 사람은 공직 생활을 오래하기 어렵고, 조직의 발전에 전혀 도움이 되지 않는 사람이기 때문이다.

동료와의 관계

앞에서 살펴본 것처럼, 공직에 입문하는 명시적인 목적은 일을 해서 보수를 받기 위한 것이다. 그러니까 함께 근무하는 동료들과의 공통점은 일을 해서 돈을 버는 것이다. 그렇기 때문에 동료와의 관계란 바로 일을 매개로 해서 맺어진 관계라고 할 수 있다.

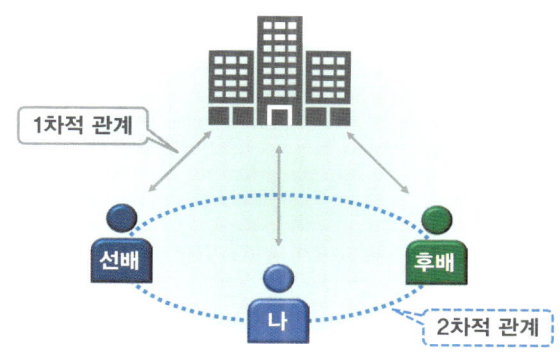

보수를 받기 위해 일을 하는 소속기관과의 관계를 1차적 관계라고 하면, 동료와의 관계는 그 1차적인 관계가 유지되는 것을 조건으로 해서 만들어지는 2차적인 관계인 것이다. 그럼에도 불구하고 동료와의 관계를 너무 깊게 의식하면 공직자가 해야 할 본연의 업무에 최선을 다하지 못하는 사례가 발생할 수 있다. 그렇기 때문에 이 관계를 명확하게 인식하는 것이 공직 생활에서 행복을 찾는 데 매우 중요하다.

동료란, 공통의 목적을 갖고 맺어진 관계로 넓게는 기관장을 포함한 조직 구성원 모두를 의미한다.

일반적으로 공직사회를 피라미드 구조로 된 계급사회라고 한다.

피라미드 구조란, 기관장을 중심으로 결재 단계별로 조직 구성원이 확대되는 구조를 의미하는데, 최상층에 기관장이 있고 최하층에 실무자가 있다.

이런 조직 특성 때문에 일반적으로 동료라면 직급이 같은 사람으로 이해하는 경우가 많다.

그런데 기관의 목적을 달성하기 위해 민원인과 직접 대면하는 사람은 실무자들이다. 조직도의 이런 특성이 민원인의 입장에서 보면 공공기관의 문턱을 높게 인식하는 원인이 되기도 한다. 그렇기 때문에 조직 구조에 대한 인식을 바꾸어야 한다.

조직을 구성할 때, 가장 중점을 두는 것은?

모든 기관은 그 설치목적을 효율적으로 달성할 수 있도록 조직을 구성한다.

그렇기 때문에 조직 체계는 기관의 설치목적을 효율적으로 달성하기 위한 분업체계로 구성된 것이다. 그런 의미를 반영해서 조직도를 작성하면 아래 그림과 같이 표현할 수 있다.

이런 구조를 방사형 분업구조라고 한다. 기관장은 기관장으로서 맡은 일을 하고, 관리자는 관리자로서 맡은 일을 하며, 팀장과 실무자는 민원인을 대상으로 직접적인 행정을 수행하는 것이다.

그러니까 실무자는 조직의 최하층에 위치한 것이 아니라, 담당 업무에 관한 기관의 대표자가 되는 것이다. 이런 조직에서는 구성원의 관계를 수직적이 아니라 수평적 관계로 의식할 수 있다.

물론 선배와 후배의 관계뿐만 아니라, 직급이 같은 동료들 간에도 공직에 임하는 자세나 특성은 서로 조금씩 다르다.

> 내가 공직에 입문했을 당시에는 기안문을 펜이나 볼펜으로 작성했고, 월급 계산은 주판으로 했었다. 그분만 아니라, 타자기도 귀해서 학교에 1대밖에 없었다. 그 후 타자기와 계산기를 거쳐서 컴퓨터 시대가 되었다.
> 실무자로 기획계에서 근무할 때는 매년 대통령 업무보고서를 작성했었다. 그렇기 때문에 교육청에 처음으로 설치한 컴퓨터는 바로 대통령 업무보고서 작성용이었다. 브라운관식 컴퓨터였는데, 워드 작업을 쉬지 않고 몇 시간 동안 계속하면 열이 발생해서 작동이 멈추기도 했었다. 그래서 여름에는 열을 식히기 위해 모니터 뒤에 선풍기를 돌리는 것이 일상이었다.
> 지금은 컴퓨터가 1인 1대씩 보급돼서 일반 문서를 작성할 때에도 컴퓨터를 활용하지만, 당시에는 교육청에 1대뿐인 컴퓨터가 너무 귀중해서 도난방지를 위해 퇴근할 때는 이중 캐비닛에 넣어서 보관했다.

그러니까, 타자기에 익숙한 선배와 컴퓨터에 익숙한 후배들 사이에 생각의 차이가 발생하는 것은 당연한 현상이라고 할 수 있다. 더구나 요즘에는 업무내용이나 근무환경의 변화 속도가 너무 빨라서 선배와 후배들 사이에 생각의 차이가 점점 더 크게 벌어지는 것 같다.

선배는 후배에게 불편만 끼치는 존재일까?

미국의 사회학자 오그번은 1922년 저서 《사회변동론》에서 '정신문화가 물질문화의 변동속도를 따르지 못하는 현상을 문화지체'라고 했다.

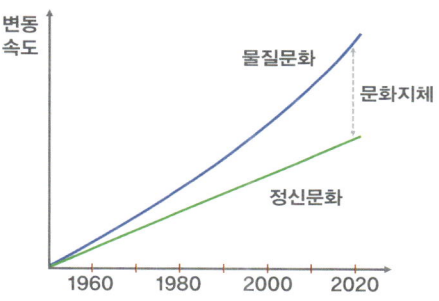

타자기에 익숙한 선배와 컴퓨터에 익숙한 후배가 서로의 생각 차이로 겪는 고충도 이런 문화지체 현상의 하나로 이해할 수 있다.

배울 학(學)이란 글자는 무엇을 형상화했을까?

배울 학(學)이란 글자는, 아들(子)이 집(冖) 안에서 두 손(臼)으로 새끼줄(爻)을 꼬는 모습을 형상화한 글자라고 한다.

그런데 이 글자는 '배울 학'뿐만 아니라 '가르칠 교'라는 의미도 포함하고 있다. 그러니까 이 글자는 '배우며 가르친다' 또는 '가르치며 배운다'는 의미이다.

새끼줄은 양손으로 각각 두세 가닥의 볏짚을 잡고, 볏짚의 아랫부분을 서로 엇갈리게 한 다음 손바닥으로 비비듯이 볏짚을 번갈아 잡고

돌려서 꼬는데, 볏짚이 짧아지면 다른 볏짚을 덧대서 꼬는 동작을 반복해서 1미터 정도의 볏짚으로 수십 미터 길이의 새끼줄을 만든다.

이처럼 새끼줄은 어느 한쪽의 줄이 다른 한쪽의 줄을 감는 것이 아니라, 두 가닥의 줄이 서로를 감싸며 이어 가는 것이다. 이 원리가 바로 우리 인간 사회에서 가정의 대를 잇게 하고, 모든 조직체를 유지하고 발전시키는 기본 원리인 것이다. 조직 내에서의 상급자와 하급자, 선배와 후배의 동료 관계는 바로 이 새끼줄의 원리처럼 조직을 유지하고 발전시키기 위해 서로 가르치고 배우는 즉, 상부상조하는 관계이다.

지구상에서 가장 오래된 새끼줄은 프랑스 라스코 동굴에서 발굴된 것으로 제작연대를 기원전 1만 7,000년으로 추정하고 있다.

영국의 과학전문 작가 잭 첼로너는 저서 《죽기 전에 꼭 알아야 할 세상을 바꾼 발명품 1001》에 새끼줄을 포함하고, 새끼줄의 제작원리는 앞으로도 바뀌지 않을 것이라고 했다.

동료 관계의 한계

산에는 많은 나무들이 자라고 있다. 그런데 지형조건이 비슷한 곳에서 자라는데도 어떤 나무는 굵고 균형 있게 잘 자라는 반면, 어떤 나무는 대나무처럼 가늘게 크거나 잘 자라지 못하는 나무도 있다. 이처럼 지형조건이 비슷한데도 나무들이 잘 자라지 못하는 이유는 나무들이 서로 너무 가깝게 자라기 때문이다.

나무들은 서로 적당한 거리를 유지해야 통풍이 잘되고, 각자에게 필요한 햇빛과 영양분을 충분히 확보할 수 있어서 서로의 영역을 침범하지 않고 잘 자랄 수 있다. 사람들 사이도 이와 같다.

미국의 문화인류학자 에드워드 홀은, 저서 《숨겨진 차원》에서 사람들 사이의 거리를 밀접한 거리, 개인적 거리, 사회적 거리, 공적인 거리로 나누어 설명하면서, 사람들은 이 거리가 무너지면 심리적으로 많은 불편을 느끼게 된다고 말했다.

'밀접한 거리'란 상대방의 체취를 맡을 수 있고 심장의 고동 소리를 들을 수 있는 거리로, 언제든지 서로 안아 줄 수 있는 가족이나 연인 사이의 거리이고, '개인적 거리'란 서로의 속마음을 흉·허물 없이 털어 놓을 수 있는 거리로, 아무 조건 없이 만나는 친구 사이의 거리이며, '사회적 거리'란 사무실에서 테이블을 가운데 두고 마주 앉는 거리로 공통의 목적의식을 갖고 만나는 사람들 사이의 거리로, 직장 동료 사이의 거리가 바로 사회적 거리에 해당된다. 그리고 '공적인 거리'란 교실에서 만나는 교사와 학생, 공연장에서의 공연자와 관객의 거리로 일종의 계약에 의해 맺어진 사이의 거리이다.

'밀접한 거리'는 사랑을 매개로 하는 사이이고, '개인적 거리'는 믿음을 조건으로 맺어진 사이기 때문에 정서적 관계로 볼 수 있다. 그런데 '사회적 거리'는 어떤 일이나 취미와 같은 공통의 목적으로 맺어진 사이이고, '공적인 거리'는 계약으로 맺어진 사이기 때문에 경제적 관계로 볼 수 있다.

그렇기 때문에 동료와의 관계는 아무리 사이가 좋아도 결국은 서로의 업무와 관련한 이해관계에 따라 서로 비교하거나 평가하고 경쟁하는 그 관계적인 한계를 벗어나기 어렵다. 따라서 동료 사이에는 사적인 언행을 자제하고, 일상적인 대화에서도 서로 기본적인 예의를 지켜야 한다.

펜과 주판으로 시작한 선배는, 수많은 변화와 발전을 거듭해서 이루어진 컴퓨터 시대의 적응력이 후배들 수준에 미칠 수 없다. 반면에, 컴퓨터 시대에 입문한 후배들은 컴퓨터 시대가 도래하기까지 행정이 어떻게 변화하고 발전했는가 하는 것에 대한 이해의 폭이 선배들보다 훨씬 적다. 그렇기 때문에 선배와 후배의 관계란 새끼줄을 꼬는 원리처럼 서로 상부상조하면서 조직을 유지하고 발전시켜 나가는 대등한 동료관계인 것이다.

03
공직 생활의 목표

앞에서 공직자는 기관과 대등한 관계로 공직에 입문했지만, 승진이나 성과평가, 전보 등과 같이 스스로 결정하거나 관여할 수 없는 것에 집착하기 때문에 기관의 종속자로 변한다고 했다. 이처럼 공직자들의 최대 관심사는 바로 승진이다.

공직자의 승진에 소요되는 최소 기간은 법으로 규정하고 있다. 9급에서 2급까지 승진하는 데 소요되는 최소기간은 18년으로, 현실적으로 승진에 소요되는 기간과는 큰 차이가 있다.

공직 생활은 마라톤 경주와 비슷하다고 생각한다. 마라톤 선수의 기본 목표는 완주하는 것이다. 마라톤 선수가 초반부터 완주했을 때의 기록에 신경을 쓰면 자신도 모르는 사이에 자기 페이스를 초과해서 기록이 오히려 평소보다 크게 저조하거나 완주하지 못하고 기권할 수도 있다. 행정안전부에서 발표한 지방자치단체 공무원 인사통계 자료에 따르면, 2급까지 승진하는 데 평균 38년 3개월이 걸리는 것으로 나타났다. 그래서 총 근무기간을 38년 3개월로 가정해서 마라톤 구간과 비교해 보았다.

참고) 행정안전부, 지방자치단체 공무원 인사통계(2023.12.31. 기준)

표를 살펴보면, 22년 이상 근무해야 5급에 승진할 수 있고, 28년 이상 근무해야 4급 승진을 기대할 수 있다는 것을 알 수 있다. 직급별 구간이 가장 넓은 7급과 6급은 실무자로서 업무를 가장 적극적으로 추진할 시기로, 마라톤에서도 이 구간이 자기 페이스를 조절하는 가장 중요한 구간이다.

지난 1984년 도쿄에서 개최된 국제마라톤대회에서 당시 별로 알려지지 않았던 야마다라는 일본 선수가 사람들의 예상을 깨고 우승을 거두었다.
시상식이 끝난 후, 어느 기자가 그에게 "많은 사람들이 당신의 우승을 예상하지 못했습니다. 혹시 당신만의 우승 비결이 있습니까?"라고 물었다. 야마다는 "지혜로 상대 선수를 이겼습니다."라고 대답했다.
그 말을 듣고 사람들은 어쩌다 우승한 것을 가지고 잘난 체한다고 비웃었다.
2년 후 이탈리아 밀라노에서 국제마라톤대회가 열렸는데, 이 대회에서도 일본 대표로 참가한 야마다가 우승을 차지했다.

　우승 비결에 관한 기자들의 질문에 야마다는 지난번과 같이 "지혜로 상대 선수를 이겼습니다."라고 대답했다. 이번에는 사람들이 더 이상 그를 비웃지 않았다. 하지만 그 말이 무슨 의미인지는 알 수 없었다.

　10년 후 마침내 야마다의 수수께끼가 풀렸다. 야마다는 자서전에서 승리의 비결을 밝혔다.

　야마다는 매번 시합하기 전에 마라톤 경기 노선을 자세히 살펴보며 어느 정도의 거리를 두면서 길가에서 눈에 띄는 표지를 마음속에 그렸다고 했다.

　예를 들면 유명한 은행, 커다란 나무, 특색 있는 건물, 큰 강의 다리, 유명한 성당 등으로 여러 개의 표지를 마음속에 그려 넣는 것이다. 시합이 시작되면, 첫 번째 목표물을 향해 빠른 속도로 달리고, 첫 번째 목표물에 도달하면 다시 같은 속도로 두 번째 목표물을 향해 달리는 방법으로 사십여 킬로미터의 마라톤 코스를 여러 개의 짧은 코스로 나누어 각각의 작은 목표를 차례차례 달성함으로써 우승할 수 있었다는 것이다.

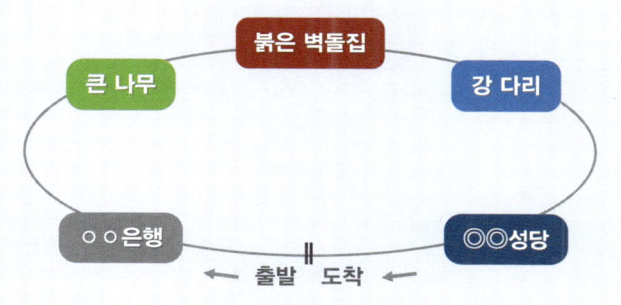

처음에는 야마다도 이런 이치를 이해하지 못하고 사십여 킬로미터의 마라톤 코스 결승선만 생각하고 뛰었다고 했다. 그런데 불과 십여 킬로미터를 뛰었을 뿐인데 지쳤다면서, 그것은 아직도 많이 남아 있는 거리에 대한 심리적 부담 때문이라고 했다. 그렇지만 마라톤 코스를 여러 개의 짧은 코스로 나누어서 첫 번째 목표를 달성하면 그 성취감으로 두 번째 목표를 향해 달렸고, 두 번째 목표를 달성하면 다시 그 성취감으로 세 번째 목표를 향해 달리는 방법으로 심리적 부담을 극복해서 우승할 수 있었다고 했다.

공직 생활도 이와 같다. '목표'란 어떤 목적을 이루려고 지향하는 실제적인 대상이다. 그렇기 때문에 구체적으로 실현 가능하고, 달성도를 측정할 수 있어야 하며, 현실적으로 자신이 직접 추진할 수 있고, 모든 실천과정을 행동적인 용어로 표현할 수 있어야 한다.

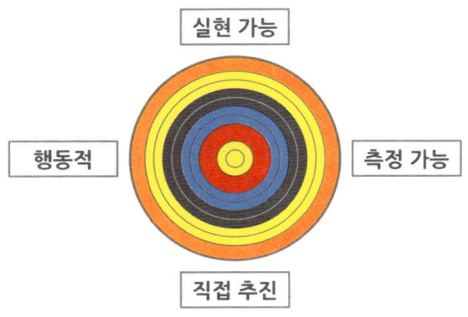

공직자는 자신의 승진 후보자 순위를 알 수 있고, 연도별 퇴직 예정자 수도 알 수 있다. 그렇기 때문에 공직자는 자신의 승진 시기를 예측

할 수 있다고 생각할 수 있다.

본청에서 근무하던 때의 일이다.
지난번 평정에서 승진 후보자 순위가 13위였는데, 그 후에 나와 동급의 동료들 중에서 5명이 승진하거나 퇴직했다.
나는 평정 기간 동안 아무런 실책이 없었고, 업무성과도 많이 거두었다고 자부하고 있었기 때문에 이번 승진 후보자 순위는 적어도 7~8위는 될 줄 알았다. 그런데 공개된 나의 승진후보자 순위는 11위였다.
당시 나는 매우 실망했을 뿐만 아니라 이해할 수도 없었다. 그렇지만 불만을 제기한다고 해서 바뀔 수 있는 것이 아니기 때문에 불만을 내색하지는 않았다.

이처럼 승진은 그 시기를 구체적으로 측정할 수 없고, 자신이 직접 결정할 수도 없는 것이다.
미국의 경영학자 피터 드러커는 "측정할 수 없으면 관리할 수 없다."라고 말했다. 승진은 측정할 수 없기 때문에 관리할 수 없는 것이다. 그렇기 때문에 어려운 승진을 목표로 설정하면 현실에 닥친 업무에 최선을 다 하지 못해서 오히려 승진에 더 나쁜 영향을 주게 된다.
그렇다면 어떻게 해야 하나? "승진을 포기하라는 말이냐?"라고 반문할 수 있다. 물론, 포기하라는 말이 아니다. 승진을 목표로 설정하기에는 적합하지 않다는 말이다. 그렇기 때문에 승진은 직접목표로 설정하지 말고, 기대 효과와 같은 간접목표로 설정하는 것이 합리적이다.

징검다리를 건너는 것은 개울을 건너기 위한 것이다. 요즘에는 징검다리를 크고 평평한 넓은 돌을 사용해서 간격도 일정하게 놓아 안전하게 건널 수 있다. 하지만 예전에 시골 냇가에 놓인 징검다리는 돌이 크지 않을 뿐만 아니라 돌의 모양이나 간격이 불규칙적이고, 어떤 돌은 밟으면 기우뚱거리기도 했다. 그래서 징검다리를 처음 건너는 사람은 어떤 돌이 기우뚱거리는지 모르기 때문에 개울 건너편에 집중해서 빨리 건너려고 하면 징검다리를 안전하게 건너기 어렵다. 개울을 건너는 것이 징검다리를 건너는 목적이라면, 그 징검다리의 돌을 한 칸씩 한 칸씩 건너는 것은 그 목적을 이루기 위한 단위목표라고 할 수 있다.

이처럼 공직 생활이란 자신에게 주어진 현안업무를 하나씩 하나씩 추진해 나아가는 과정이다. 따라서 승진이란, 현안업무를 추진하면서 거둔 성과물을 돌다리로 삼아서 개울을 안전하게 건넜을 때 받는 보상이라고 생각하는 것이 가장 바람직하다.

그런데 아무리 급해도 징검다리를 두 칸씩 건너기 어려운 것처럼, 자신에게 주어진 현안업무가 바로 건너야 할 징검다리의 다음 돌인 것이다.

연세대학교 심리학과 서은국 교수는 저서 《행복의 기원》에서 행복은 크기가 아닌 빈도라면서, 행복이란 삶의 목표가 아니라 살아가는 과정에 느끼는 수단이라고 말했다.

공직 생활도 마찬가지다. 내가 37년의 공직 생활 동안 승진할 때만 행복을 느꼈다면, 퇴직할 때까지 행복을 느낀 횟수는 총 여섯 번뿐이다.

그렇기 때문에 평균 6년에 한 번의 행복을 느끼기 위해 일상적인 공직 생활을 힘들게 생활하는 것보다는 일상에서 작은 행복이라도 자주 느낄 수 있다면 그것이 훨씬 더 행복한 공직 생활이라고 할 수 있다.

그런데 작은 행복이 없다면 큰 행복도 없다. 일상에서 느끼는 작은 행복들이 쌓이면, 큰 행복도 찾아오게 된다. 공직 생활의 목표를 너무 막연한 것에서 찾지 말고, 자신에게 주어진 현안업무에서 찾는 공직자가 가장 현명하고 행복한 공직자이다.

2장
공직 마인드

01 모든 결과는 내 책임, 내 탓
02 법과 원칙을 지키자
03 재량을 최소화하자
04 기회와 준비의 상관관계
05 성공한 공직자의 자존감

    인간은 사회적 동물이기 때문에 모든 사람은 크고 작은 조직의 구성원으로 살아간다. 조직 구성원으로 산다는 것은 그 조직의 특성에 맞는 여러 가지 규칙이나 관습 등을 인정하고 함께하는 것이다.
    공직 생활이란 소속기관에서 동료들과 관계를 유지하며 소속기관의 설치목적을 효율적으로 달성할 수 있도록 함께 노력하는 것이다. 그렇기 때문에 공직자들은 공직 생활에 적합한 근무 마인드를 갖추고 있어야 공직 생활을 통해 보다 많은 성취감과 보람을 느낄 수 있다.

01
모든 결과는 내 책임, 내 탓

업무를 추진하다 보면 성과를 거둘 때도 있지만 실패할 때도 있다. 그런데 모든 업무는 혼자 추진하는 경우도 있지만, 대부분의 경우 동료와 함께 추진하게 된다.

그렇기 때문에 동료와 함께 추진했다고 하더라도 그 업무에 대해 자신이 관여한 정도나 중요도가 함께 추진한 동료보다 훨씬 큰 경우도 있고, 매우 작은 경우도 있다. 그렇지만 자신이 관여한 모든 일의 성과는 자신이 노력한 결과가 반영된 것이기 때문에 자신이 관여한 정도와 상관없이 그 결과는 내 책임이고 내 탓이라고 인식해야 한다.

모든 선택은 내 책임

사람이 살아가는 과정에 하는 모든 일은 자신이 선택한 것이다. 공직자가 하는 일도 마찬가지다. 작게는 '업무를 어떻게 추진할 것인가' 하는 구체적인 업무추진 방법에서부터, 크게는 '공직 생활을 어떻게 할 것인가' 하는 모든 것이 자신의 선택이라는 말이다.

 대부분의 선택은 자신이 단독으로 선택하지만, 단독으로 선택하기 어려운 경우도 있다. 그런 경우에는 선배나 후배들의 조언을 받아서 선택하게 된다. 그렇지만 그런 경우에도 최종 선택은 언제나 자신의 책임으로 선택하는 것이다.

"인생은 B와 D 사이에 있는 C다."

 프랑스 철학자 장 폴 샤르트르가 한 이 말에서 B는 birth이고, D는 death이며, C는 choice다. 그러니까 인생은 태어나서 죽을 때까지 선택의 연속이라는 의미이다.

 태어나고 죽는 것은 자신의 의지대로 할 수 없지만, 삶의 과정에 매 순간 선택하는 모든 것은 자신의 의지대로 할 수 있다.

 그런데 일을 하다 보면 여러 가지 어려움을 겪을 수 있다. 그렇다고 해서 그 일을 포기하거나, 일이 어렵다고 걱정하면서 누군가 도와줄 것을 기대하는 것은 처음부터 그 일을 시작하지 않은 것만 못하다. 일을 시작했다면 어떤 형태로든 결과가 발생한다. 그렇기 때문에 일이 어렵다고 해서 걱정만 하거나 회피하지 말고, 해결방법을 찾을 때까지 계속 노력해야 한다.

'걱정을 해서 걱정이 없어지면 걱정이 없겠네!'

티베트 속담인 이 말은 걱정을 아무리 많이 해도 걱정이 덜어지지 않는다는 말이다. 사람들은 많은 걱정거리를 갖고 있다. 그런데 걱정의 7할은 쓸데없는 걱정이고, 2할은 내 손을 떠난 것이며, 자신이 직접 관여할 수 있는 걱정은 1할이 안 된다고 한다.

헝클어진 실뭉치는 한두 번의 노력만으로 풀리지 않는다. 그런데 헝클어진 실뭉치 속에는 반드시 두 가닥의 실마리가 있다. 그렇기 때문에 가장 먼저 해야 할 일은 실마리를 찾는 것이다. 실마리를 살살 흔들면서 살짝 당기기도 하고, 뒤로 빼거나 돌리는 행위를 여러 번 반복해야 풀 수 있다.

이처럼 자신이 맡은 일에서 어떤 문제가 발생했다면 걱정하지 말고 자신이 할 수 있는 범위 내에서 해결의 실마리를 찾은 다음, 최선의 노력을 기울여야 한다.

> 관재업무를 담당하던 때의 일이다.
> 어느 날, ○○초등학교 부지의 일부에 대한 「토지 인도청구 소송」이 제기되었다. 개교 당시부터 학교용지로 사용한 토지였음에도 불구하고 소유권에 대한 행정절차를 마무리하지 않아서 토지 소유권이 개인 명의로 있었던 것이다.

관련 자료를 확인해 보니까, 그 토지는 '손갑돌(가명)'이라는 사람이 학교용지로 기부한 것으로 추정되었다. 대응 방안에 대해 변호사의 자문을 받았는데, 그 사실을 증명할 자료가 없기 때문에 패소할 것 같다고 했다.

그렇지만 나는 할 수 있는 데까지 해 보자는 마음에서 손갑돌 씨의 가족을 찾으려고 관할 동사무소(행정복지센터)에 가서 제적대장을 열람했다. 그런데 여러 권의 두툼한 제적대장을 아무리 찾아도 비슷한 손을돌(가명)이란 이름만 있고 손갑돌이란 이름은 없었다.

결국 제적대장을 반납하는데, 동사무소 직원이 "찾았습니까?" 하고 물었다. 그래서 "찾으려는 갑돌은 없고 을돌밖에 없네요."라고 대답했다. 그때, 내 등 뒤에서 어떤 사람이 "○○초등학교 옆에 을돌유치원(가명)이라고 있던데요."라고 말했다. 뒤를 돌아보니까 내가 제적대장을 펼쳐 놓고 누군가를 찾던 모습을 지켜보던 주민이었다.

그 말을 듣고 혹시나 하면서 마지막으로 한 번 더 확인해 보자는 마음으로 을돌유치원에 가서 원장을 만났다. 그런데 그 원장이 바로 손갑돌 씨의 조카딸이었다. 큰아버지인 손갑돌 씨는 오래전에 돌아가셨고, 팔순이 넘은 큰어머니만 강원도에서 사신다고 했다. 손갑돌 씨가 살아 계실 때, 강원도로 이사했기 때문에 제적대장에서 찾을 수 없었던 것이다.

결국 손갑돌 씨의 부인을 증인으로 채택해서 그 소송에서 승소했다. 만약 동사무소에서 주민이 던져 준 말을 대수롭지 않게 들었다면 패소했을 것이다.

이처럼 일을 하다 보면 여러 가지 어려움을 겪을 수도 있다. 그렇지만 어렵다고 해서 걱정만 하지 말고 그 해결방법을 찾기 위해 노력하다 보면 그 걱정을 해소하는 방법을 찾을 수 있다.

실패는 내 탓

공직 생활을 통해서 이루어지는 크고 작은 모든 성과는 많은 노력의 결과이다. 그런데 일을 하다 보면 잘못되는 경우도 있다. 이처럼 실패한 경우에도 그 실패한 원인을 먼저 자신에게서 찾아야 한다.

그런데 어떤 사람은 일이 잘못되었을 때, '내가 참 좋은 아이디어를 갖고 있었는데 윗사람들이 도무지 알아주지 않아'라고 불평하거나, '우리 팀에는 일을 할 만한 인재가 없어 기대 이하야!'라면서 실패의 원인을 다른 사람의 탓으로 돌리기도 한다.

실패의 원인을 남의 탓으로 돌리는 사람은 더 이상의 발전을 기대하기 어렵다. 자신이 관여한 일이 실패했다면 그 실패하게 된 원인에는 크든 작든 자기 책임도 있는 것이다.

물론 업무를 추진하다 보면, 동료의 실수로 인해서 일이 어렵게 되는 경우도 있다. 그런 경우에도 동료를 탓하기 전에 자신이 할 수 있는 범위 내에서 최선을 다하면서 그 해결방안을 찾아야 한다.

> 관재업무를 담당하던 때의 일이다.
> 대전시 서구에 위치한 ○○초등학교는 작은 산의 정상 부분을 깎아서 설치했기 때문에 입구 부분과 양 측면이 비탈면으로 조성되어 있다.

○○초 신설 공사가 마무리 단계로 개교를 앞둔 어느 날이었다. 민원인이 찾아와서 자기 땅을 학교에서 점유했다고 주장했다.

　민원인이 보여 주는 지적도를 살펴봤는데, 민원인의 땅 일부가 ○○초 부지에 편입된 것으로 나타났다. 그래서 ○○초 신설부지에 편입된 토지를 보상하기 위해 작성한 토지조서를 확인해 봤는데, 민원인의 토지가 없었다.

　토지조서에 없는 토지는 학교용지로 포함될 수 없었기 때문에 뭔가 이상하다는 생각을 하면서, 학교용지를 구획할 때 측량업체에서 제작한 전지 크기의 청사진으로 된 ○○초 지적도면을 확인했다. 그 지적도면에서는 민원인의 토지가 점유되지 않은 것으로 나타났다. 그런데 민원인의 토지 지적선 모양이 다르게 그려져 있었다.

　이상해서 학교용지로 편입된 토지의 지번별 지적도면을 확인해 봤는데, 그 지적도면에서는 민원인 토지의 지적선 모양이 측량업체에서 작성한 도면과 다른 모양이었다. 민원인의 주장이 사실이었던 것이다.

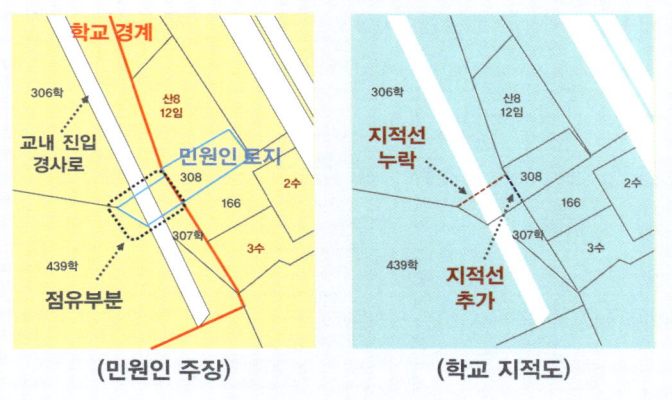

그러니까 측량업체에서 전지 크기의 ○○초 지적도면을 제작할 때 민원인 토지의 지적선 일부를 누락했던 것이다. 그리고 당시 학교 부지 매입업무를 담당했던 내 전임자는 그 측량업체에서 제작한 지적도면을 보고, ○○초 편입부지에 대한 토지 보상을 위한 토지조서를 작성했기 때문에, 민원인의 토지가 보상 대상에서 누락된 것이었다. 명백한 행정착오였다.

나는 민원인에게 사과하고 즉시 보상해 드리겠다고 제안했다. 그런데 민원인은 보상이 필요 없다면서 자기 땅을 돌려주든지, 아니면 남은 땅까지 모두 보상하라면서, 거절하면 자기 땅에 출입하지 못하도록 울타리를 치겠다고 했다.

황당했다. 민원인의 토지는 학교 진입로를 가로지르고 있었기 때문에 그 토지를 사용하지 못한다면 학교를 개교하기 어려울 수도 있었다.

물론 학교용지는 도시계획시설이기 때문에 소유자가 거부하면 강제 취득이 가능하다. 그렇지만 이 경우에는 절차적 하자가 있었기 때문에 강제 취득하려면 소송이 불가피하고, 소송이 확정되기까지는 많은 시일이 소요되기 때문에 매우 곤란했다.

또한, 민원인의 요구대로 활용가치가 전혀 없는 잔여지를 추가 매입하려면, 행정을 잘못한 책임소재를 밝혀야 했다. 이 경우 ○○초 지적도면을 잘못 제작한 측량업체와 그 지적도면을 확인하지 않고 토지조서를 작성한 내 전임자의 실수를 밝혀야 되기 때문에 그것도 매우 곤란했다.

여러 차례 민원인을 만나 설득을 시도했지만, 교육청에서 행정착오가 있었다는 약점을 알고 그 약점을 이용해서 무리한 요구를 하는 민원인을 설득할 수 없었다. 결국, 교육감님께 그동안의 경과를 보고하고, 민원인의 요구대로 그 잔여지까지 매입하는 것으로 마무리했는데, 다행히 교육감님께서 책임 문제를 거론하지 않았다.

이 사례에서 민원인의 요구대로 학교용지로 활용가치가 전혀 없는 잔여지까지 전부 매입하게 된 원인에는 내가 민원인을 설득하지 못한 책임도 있는 것이다.

그렇기 때문에 자신이 관여한 일을 실패했다면, 다른 사람을 탓하기 전에 먼저 자신부터 탓하고 해결방안을 찾아야 한다. 이런 마음가짐은 동료와의 관계에도 좋은 영향을 준다.

02
법과 원칙을 지키자

이해관계가 서로 다른 민원인들을 대상으로 공익을 추구하는 공직자가 법과 원칙을 지키는 것은 기본적인 근무 자세다.

오케스트라는 한 명의 지휘자와 수십 명의 다양한 연주자들로 구성된다. 수십 명의 다양한 연주자들이 지휘자의 지휘에 맞추어 아름다운 음악을 연주하는 것이다. 그렇지만 연주자는 연주를 시작할 때부터 끝날 때까지 계속해서 지휘자만 바라보고 연주하는 것이 아니다. 연주자는 지휘자가 요구할 때에만 지휘자의 지휘에 맞추어 연주하고, 그 외에는 항상 악보를 보고 연주한다. 악보는 연주자에게 법이다.

다양하지 구성된 공직자들도 기관장의 방향 제시에 따라 행정을 추진하지만, 구체적인 업무는 공직자 스스로 법규에 의거 능동적이며 합리적으로 추진해야 한다.

공직자는 새로운 업무를 시작할 때 전임자의 추진 사례를 찾아보거나, 동료나 상급자에게 문의해서 집행방법을 결정한다.

상급자의 자문을 받아서 추진한 일의 결과가 잘못되었다면 그 책임은 누구에게 있을까?

예외는 있을 수 있지만 대부분이 담당자의 책임이다. 행정감사에서 그 잘못된 일에 대해 지적 받아서 담당자가 경고를 받았다면, 직속 상급 결재자는 일반적으로 한 단계 낮은 주의를 받게 된다. 그 이유는 업무에 관한 책임 범위가 담당자와 결재자가 서로 다르기 때문이다. 물론, 책임 범위는 명시적으로 정해진 것이 아니다. 일반적으로 업무추진에 관한 구체적인 부분은 담당자의 책임이고 구체적인 사항을 통합하거나 조정 또는 확인하는 부분은 결재자의 책임으로 구분한다.

관재업무를 담당하던 때의 일이다.

당시에는 5년을 주기로 공유재산의 가격을 재평가했었다. 어느 해인가, 공유재산에 대한 가격 재평가를 마치고 결재를 올렸다. 계장님이 수고했다면서 결재했다. 그런데 과장님은 "이걸 어떻게 믿고 결재를 하나?"라면서 결재를 거부했다.

나는 황당해서 결재 서류를 들고 내 자리에 돌아와서 앉았다. 아무리 생각해도 보고서가 정확하다고 증명할 방법이 떠오르지 않았다. 당시에는 재평가 서류를 작성할 때 주판을 이용했었다. 그렇기 때문에 보고서가 정확한지를 확인하려면 과장님이 직접 주판으로 확인하는 방법밖에 없었다.

고민하던 나는 다시 결재를 올렸다가 그래도 거부하면 각급학교에서 보고한 재평가 서류 뭉치와 주판을 과장님 책상에 갖다 놓을 수밖에 없겠다는 생각을 하고, 다시 과장님에게 공유재산 재평가 보고서를 보여 드렸다. 그러자 과장님은 나를 힐끗 쳐다보더니 아무 말 없이 결재했다.

이 경우, 주판으로 하는 일은 담당자가 할 일이기 때문에 계장이나 과장이 주판으로 확인할 필요는 없다.

만약, 보고서가 잘못되었다고 할 경우에 그 책임은 전적으로 담당자에게 있는 것이다.

그렇기 때문에 동료나 상관에게 문의해서 집행방법을 찾았다고 하더라도 최종 선택을 하기 전에 반드시 법과 원칙에서 규정하고 있는 합리성에 부합하는지를 검토해야 한다.

03
재량을 최소화하자

행정을 집행하는 방법에는 여러 가지가 있을 수 있다. 그렇기 때문에 공직자에게 그 방법을 선택할 수 있는 재량이 주어진다.

공직자에게 재량이 주어지는 이유는?

'법망을 빠져나간다'는 말이 있다. 법과 원칙은 급격하게 변화하는 모든 행정수요에 적합한 집행방법을 구체적으로 규정하지 못한다. 단지, 몇 가지 경우를 사례별로 그룹화해서 기본적인 상황에 맞는 집행방법만을 규정할 뿐이다.

그렇기 때문에 법과 원칙에서 규정하지 못하는 부분을 합리적으로 보완하기 위해 공직자에게 크고 작은 재량을 부여하는 것이다.

공직자들은 자신에게 부여된 재량이 별것 아니라고 생각할 수 있다. 그렇지만 그 재량에 영향을 받는 민원인에게는 크고 작은 이해관계가 걸린 문제들이다. 따라서 재량을 합리적으로 집행하는 것이 공직자가 지켜야 할 가장 중요하고도 어려운 일이다.

재량에 속하는 사항은 공직자가 혼자 결정을 해도 위법하지는 않다. 오히려 혼자 결정하는 경우 행정을 신속하고 일관성 있게 처리할 수 있는 장점도 있다.

어떤 일에 대해 상관이 '알아서 해'라고 말했다면 자신이 재량적으로 할 수 있는 권리라고 할 수 있다. 그렇지만 '알아서 잘 해', '알아서 합리적으로 해'라는 말 속에는 자기 책임으로 해야 하는 의무가 포함되어 있는 것이다. 그렇기 때문에, 대부분의 민원은 이처럼 의무가 포함된 재량행위에서 발생한다.

민원으로부터 공직자를 보호할 수 있는 것은?

민원이 발생했을 때, 그 민원으로부터 공직자가 보호받을 수 있는 것은 아무 것도 없다. 모든 법과 원칙은 민원인을 보호하고 공직자를 통제하는 데 초점을 맞추고 있기 때문이다. 그 대표적인 사례가 회계집행 절차와 서식이다.

> 감사원에서 회계실무자교육을 받을 때의 일이다.
> 그때 모 감사관이 "모든 회계절차와 서식은 공직자를 잠재적 도둑으로 간주하고 만들어졌다."라고 말했다.

처음 그 말을 들었을 때 상당히 불쾌했었다. 그런데 시간이 지나면서 그 감사관이 왜 그런 말을 했는지 취지를 이해할 수 있었다. 그러면서 그런 절차와 서식에 충실히 따르는 것이, 오히려 공직자가 신뢰받고 보호받을 수 있는 장치라고 생각했다.

민원이 발생하면 대부분의 경우 공직자는 그 민원에 끌려가게 된다. 그렇지만 행정을 추진하는 과정에 공직자가 자신의 재량을 최소화하기 위해 노력했다면, 동일한 법과 원칙을 놓고 민원인과 다툼이 발생한 경우에도 그 법과 원칙으로 공직자가 보호받을 수 있다.

공직자가 자신에게 주어진 재량을 최소화할 경우, 그 직접적인 효과는 민원인에게 공정한 행정으로 나타나고, 간접적인 효과로 자신이 보호받을 수 있는 것이다. 따라서 공직자는 항상 자신에게 주어진 재량을 최소화할 수 있도록 노력해야 한다.

재량을 최소화하는 방법에는 위원회 구성, 의견수렴, 집행기준 마련 등과 같이 그 사안에 따라 다양한 방법이 있을 수 있다. 가장 합리적인 방법은 업무를 담당하는 공직자가 스스로 찾아야 한다.

공직자는 재량행위와 관련해서 외부뿐만 아니라 내부에서도 많은 갈등을 겪을 수 있다.

외부갈등은 법과 원칙만으로 해결방안을 찾으면 된다. 그렇지만 내부갈등은 법과 원칙만으로는 해결방안을 찾기 어렵다. 조직 내부의 인간관계가 개입하게 되므로 적절한 해결방안을 찾기가 어려운 것이다. 이런 내부갈등을 예방하거나 회피할 수 있는 가장 합리적인 방법도 공직자에게 주어진 재량을 최소화하는 것이다.

재량을 최소화할 때 유의할 것이 있다. 재량을 최소화하는 방법을 찾았다면, 반드시 그 방법을 내부의 합의과정을 거쳐서 공식화해야 한다. 자기 혼자만 알고 지키려는 최소화 방안은 내부갈등이 발생했을 때 아무런 효력이 없기 때문이다.

그런데 내부 합의과정을 거쳐서 공식화했음에도 불구하고 내부갈등을 예방하거나 회피하는 데 효력이 없는 경우도 있다. 바로 상급기관이나 내부 합의과정의 최고 결재권자보다 상급자로부터 갈등이 발생하는 경우이다.

학교에서 근무하던 때의 일이다.

요즘에는 계약방식이 개선돼서 계약과정에서 발생할 수 있는 많은 문제점들이 예방되고 있지만, 당시에는 매년 학기 초에 급식업체를 선정해서 1년 동안 식자재를 납품받았었다. 그렇기 때문에 급식업체를 선정하는 시기가 되면 부탁을 하는 사람들이 종종 있었다.

나는 급식업체 선정에 따른 부담을 덜기 위해 학부모들이 급식업체를 선정하도록 했다.

어느 해인가 3월 초에 학부모를 중심으로 하는 급식업체선정위원회를 구성하고, 급식업체 선정계획을 공고했다.

공고하고 며칠 후 교육청에서 근무하는 모 선배로부터 전화가 왔다. 전화 요지는 급식업체로 특정 업체를 선정하라는 것이었다.

그래서 "저희 학교에서는 학부모를 중심으로 하는 급식업체선정위원회에서 결정하기 때문에 그렇게 할 수 없습니다." 하고 거절했다.

그러자 그 선배는 "행정실장이 그런 것도 못 해, 알아서 해!"라면서 전화를 끊었다. 조금 불쾌했지만 거절을 받아들인 것으로 알고 불쾌감을 털어 냈다.

그런데 다음 날 또 전화가 왔다. 그 특정 업체를 꼭 선정해야 한다는 것이었다. 그래서 "학부모들이 결정하기 때문에 어쩔 수 없습니다." 하고 다시 거절했다. 그다음 날에도 또 전화가 왔지만, 어쩔 수 없다고 거듭 거절했다.

이렇게 세 차례 전화를 받고 나니까 불쾌하기보다는 불안해지기 시작했다. 그 선배는 나에 대한 근무평정이나 인사에 직접 영향을 줄 수 있는 사람이었다.

이 사례에서 그 선배의 부당한 요구를 끝까지 거절할 수 있었던 이유는 바로, 급식업체를 학부모들이 선정하도록 했기 때문이다.

이처럼 상급기관으로부터 발생하는 내부갈등까지 예방하거나 회피하려면, 재량을 최소화하는 방법을 외부에 공시하거나 그 최소화 방법에 외부 민간인을 직접 참여시키는 것이 좋다. 민간인을 참여시킨 방법으로 재량을 최소화하는 일에 대해 상급기관으로부터 갈등이 발생한 경우, 그것을 수용하려면 민간인의 동의를 구해야 한다. 그렇기 때문에 내부갈등을 예방하거나 회피하는 데 효력이 있는 것이다.

04
기회와 준비의 상관관계

누구에게나 기회는 공평하게 주어진다. 차이가 있다면, 사전에 준비하고 있는 사람은 기회를 알아보고 잡을 수 있지만, 준비가 부족한 사람은 기회를 알아보지 못해 잡지 못한다.

"기회는 준비된 자에게만 다가온다."
- 루이 파스퇴르

지난 2015년부터 MBC에서 매주 일요일에 방영하는 〈복면가왕〉은 지금도 시청자들로부터 많은 사랑을 받고 있다. 〈복면가왕〉의 가장 큰 매력은 가수에 대한 선입견 없이 순수하게 노래 실력만으로 감정을 전달해서 그 결과를 평가받는다는 데 있다.

지난 2016년 10월 23일 방영된 〈복면가왕〉 41차 경연에 '우비소녀'로 참가한 박진주는 예선에서 체리필터의 '오리 날다'를 불렀고,

2라운드에서 이수영의 '휠릴리'를 불러 비음악인으로서 〈복면가왕〉 최초로 3라운드까지 올라갔다.

영화 〈써니〉에서 욕쟁이로 나온 박진주는 〈복면가왕〉에서 노래 실력뿐만 아니라 예능감도 보여 줬다.

박진주는 〈복면가왕〉에 출연한 후, 〈나 혼자 산다〉, 〈정글의 법칙〉, 〈런닝맨〉, 〈불후의 명곡〉에도 출연하는 등 각종 인터뷰와 예능 섭외가 줄을 이어, 조연배우에서 인기 스타가 됐다.

박진주가 〈복면가왕〉에 출연하게 된 것은 평소 박진주가 노래를 잘한다는 것을 알고 있던 친구인 배우 이하늬가 〈복면가왕〉에 나가 보라고 권했기 때문이란다. 처음 그 말을 들었을 때 박진주는 자신은 인지도가 낮아서 안 될 거라고 사양했는데, 이하늬가 뜰 기회는 자기가 잡는 거라면서 적극 권했다고 한다. 그 말을 듣고 용기를 낸 박진주는 자신이 노래 부르는 동영상을 〈복면가왕〉 제작진에게 보냈는데, 그 동영상을 본 제작진이 박진주에게 출연 기회를 준 것이다.

어떤 사람은 "좋은 기회가 왔으니까 잡은 것 아니냐?"라고 말한다. 물론 〈복면가왕〉에 아무나 출연할 수 있는 것은 아니다. 〈복면가왕〉 제작진이 시청률에 도움이 되겠다고 판단하는 사람에게만 출연 기회를 준다. 그뿐만 아니라 〈복면가왕〉에 출연한 모든 사람이 스타가 되는 것도 아니다.

우리나라 사람들에게는 예로부터 특별한 의미를 갖고 있는 숫자가 있다. 하나는 '7'이다. '7'은 행운을 상징하는 숫자라고 해서 '러키세븐'

이라고 한다. 또 다른 하나는 '3'이다. 누구나 어린 시절에 친구들과 '가위바위보' 게임을 많이 한 경험이 있다. 그런데 그때 게임에서 진 친구가 패배를 인정하지 않고 '삼세번'이라면서 다시 하자고 요구하는 때가 있다. 그때 대부분의 친구들이 크게 반발하지 않고 그 요구를 받아준다. 이처럼 우리나라 사람들은 예로부터 '3'이란 숫자를 좋아한다.

'운칠기삼(運七技三)'이란 바로 이 '러키세븐'과 '삼세번'을 합성해서 만들어진 사자성어라고 생각한다. 사전에서는 '운칠기삼'이란 모든 일의 성패는 운에 달려 있는 것이지 노력에 달린 것이 아니라고 설명하고 있다. 그렇기 때문에 뭔가 실패한 사람이 자신을 합리화할 때나, 실패한 사람을 위로할 때 "운이 없어서 그래!"라고 말한다.

어떤 일을 실패한 원인이 '운'이 없어서일까?

파스퇴르가 말한, "기회는 준비된 자에게만 다가온다."라는 말은 "준비된 자에게만 기회가 온다."라는 말과 같다. 이 말을 '운칠기삼'과 연계하면 기회는 행운이고 준비한다는 것은 노력한다는 것과 같다.

준비된 자에게만 기회가 온다

운 칠 기 삼 (運 七 技 三)

삼만큼 노력한 자에게만 칠만큼의 행운이 온다

그러니까 '운칠기삼'이란, "삼만큼 노력한 자에게만 칠만큼의 행운이 온다."라는 의미로 해석할 수 있다. 이해를 돕기 위해 이 '운칠기삼'의 의미를 표로 나타내 보았다.

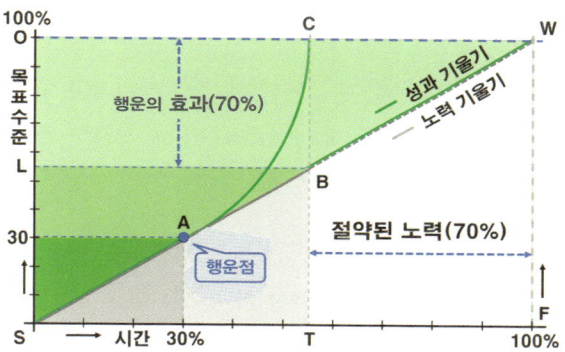

어떤 일을 하는 데 필요한 시간을 F, 목표 수준을 O라고 할 때, 아무런 행운도 기대하지 않고 순수하게 노력만으로 목표를 달성할 경우, 우리는 많은 노력을 기울여야 완만한 성공을 이룰 수 있다.

최선의 '노력 기울기'로 사선 SW의 아랫부분인 △SFW만큼 노력했을 때, 그 '노력 기울기'와 같은 '성과 기울기'로 사선 SW의 윗부분인 △SOW만큼의 성과를 거둘 수 있다고 가정해 보자. '운칠기삼'이란, 목표를 달성하는 데 소요되는 전체 시간의 30% 동안 최선의 노력으로 목표 수준의 30%를 달성했을 때 행운을 만나게 되고, 그 행운과 함께 계속 최선의 노력을 하면 '성과 기울기'가 직선 AW에서 곡선 AC로 크게 상승해서 당초에 예상했던 것보다 훨씬 적은 노력으로 목표한 성과를 거둘 수 있다는 의미라고 생각한다.

△STB만큼 노력했을 때 중간에 행운을 잡지 못했다면 성과는 △SLB가 된다. 그렇지만 행운을 잡은 순간부터 '성과 기울기'가 직선 AW에서 곡선 AC로 크게 상승해서 성과가 △SOW로 확대된다는 것이다. 그러니까, □LOWB가 행운의 효과로 전체 성과의 70%가 된다. 초기에 전체 시간의 30% 동안 최선의 노력으로 목표수준의 30%를 달성한 기준점인 A가 바로 행운을 잡은 행운점이라고 할 수 있다. 물은 99도에서는 끓지 않는 것처럼 이 행운점에 오르지 못하면 행운을 잡을 수 없는 것이다.

물리학에 '관성의 법칙'이 있는 것처럼, 인지심리학에는 '자기 일관성'이란 말이 있다. 사람에게는 평소의 생각이나 이미지와 일관된 방식으로 행동하려는 경향이 있다는 의미이다. 플라세보(Placebo) 효과나 노시보(Nocebo) 효과도 자기 일관성의 하나로 이해할 수 있다.

플라세보 효과는 가짜 약을 주었어도, 환자가 '이 약을 먹으면 치료될 수 있다'는 긍정적 믿음을 갖고 있으면 병이 호전되는 현상을 말하고, 노시보 효과는 의사가 약을 처방해 주어도 환자가 스스로 건강이 악화될 것이라고 체념하는 마음 때문에 약효가 나타나지 않아 병이 더 악화되는 현상을 말한다. 이처럼 사람의 심리 속에는 지금까지 행동하고 생각해 온 것과 일관되게 행동하고 생각하려는 '자기 일관성' 욕구가 있다.

그러니까 최선을 다한 초기 30%의 시간과 30%의 성과를 달성한 기준점 A가 바로 행운을 잡을 수 있는 행운점이면서 '자기 일관성'이 발생하는 시점인 것이다. '자기 일관성'이 작동하면 관성처럼 하던 일에 최선을 다하기 때문에 큰 성과를 거둘 수 있는 것이다.

그리스 로마 신화에 카이로스라는 '기회의 신'이 있다. 그런데 카이로스는 보통 사람과 많이 다른 기이한 모습을 하고 있다. 벌거벗은 모습에 앞머리는 머리숱이 무성하고, 뒷머리는 대머리이다. 그리고 어깨에는 큰 날개가 달려 있고, 발에는 작은 날개가 달려 있으며, 왼손에는 저울을 들었고, 오른손에는 칼을 들고 있다.

카이로스가 벌거벗은 이유는 사람들의 눈에 쉽게 띄기 위해서이고, 앞머리가 길게 무성한 이유는 자신을 알아본 사람이 쉽게 잡을 수 있도록 하기 위해서라고 한다. 그런데 뒷머리가 대머리인 이유는 자기가 지나가면 뒤에서는 잡지 못하게 하기 위해서이고, 어깨와 발에 날개가 달려 있는 이유는 최대한 빨리 사라지기 위해서라고 한다. 그리고 왼손에 들고 있는 저울은 기회가 왔을 때 옳고 그름을 판단하라는 의미이고, 오른손에 잡은 칼은 옳다고 판단했을 때 주저하지 말고 결단할 것을 촉구하기 위한 것이라고 한다. 그러니까 기회는 주어지는 것이 아니고 잡는 것이라는 의미이다.

> "언제 어디서 능력 있는 사람을 만나게 될지 알 수 없다.
> 따라서 나는 항상 모든 사람과의 만남이
> 하나의 인터뷰라고 생각한다."
> – 잭 웰치, 제너럴 일렉트릭의 전 회장

이 말은 언제 어디서든지 기회를 잡기 위해 항상 준비하고 있다는 말이다. 이처럼 준비는 때와 장소에 따라 선택적으로 하는 것이 아니라, 항상 생활 습관처럼 해야 한다.

　공직자들이 하는 모든 일과 그 환경 속에는 그 일의 경중에 상관없이 많은 기회가 잠재되어 있고, 누구에게나 공평하게 기회가 주어진다.

　그러니까 기회를 잡지 못하는 사람은 준비가 부족해서 기회를 알아보지 못하기 때문인 것이다.

05
성공한 공직자의 자존감

지금까지 살펴본 네 가지의 공직 마인드는 공직자가 갖추어야 할 기본적인 마인드라고 할 수 있다.

공직 마인드를 단순히 이해했다고 해서 공직 생활을 통해 보다 많은 성취감과 보람을 느끼는 성공한 공직자가 되는 것은 아니다.

성공한 공직자가 되기 위해서는 네 가지의 공직 마인드를 내면화해서 반드시 생활 습관처럼 실천해야 한다. 이처럼 공직 마인드를 온전히 자신의 것으로 만들기 위해서는 세 가지 자존감을 높여야 한다.

첫째, 나는 신뢰받는 공직자다!

모든 일을 법과 원칙에 의거 자신에게 주어진 재량을 최소화하면서, 기회와 준비의 상관관계를 믿고 일을 찾아서 적극적으로 업무를 추진하는 공직자는 크고 작은 업무성과를 많이 거둘 수 있다. 그 성과물로 신뢰의 탑을 쌓아 동료들로부터 예측이 가능한 사람으로 평가받는 공직자가 바로 신뢰받는 공직자이다.

둘째, 나는 떳떳한 공직자다!

떳떳한 공직자란, 자신이 관여한 모든 일의 결과에 대해 책임을 지며 때와 장소를 가리지 않고 법적·도덕적으로 당당하게 소신을 굽히지 않는 공직자이다.

《삼국사기》 백제본기의 온조왕 15년에 "봄 정월에 궁실을 새로 지었는데 검소하면서도 누추하지 않았으며, 화려하되 사치스럽지 않았다."라는 기사가 나온다. 그리고 조선이 건국된 후, 경복궁 건립을 주도했던 정도전은 《조선경국전》에서 "검소하면서도 누추하지 않고 화려하면서도 사치스럽지 않은 것이 아름다운 것이다."라고 말했다.

'검이불루 화이불치(儉而不陋 華而不侈)'는 백제로부터 조선을 거쳐 오늘날까지 이어지는 우리 한국의 미학이라고 한다.

공직자의 보수는 다른 직업인들과 비교할 때 매우 적은 수준이다. 그렇기 때문에 공직에 입문한 목적이 단순히 돈을 많이 벌기 위한 공직자는 없다고 생각한다. 공직자가 하는 모든 일은 공익을 추구하기 때문에 사익을 추구하는 다른 직업인들보다 일을 통해서 사회적 보람을 느낄 수 있는 기회가 많다는 것이 가장 큰 장점이다. 그렇기 때문에 공직자들은 적은 보수로 검소한 생활을 하면서도 누추하지 않을 뿐만 아니라, 다른 직업인들보다 많은 성취감과 보람으로 화려하면서도 사치스럽거나 거만하지 않는 삶을 살 수 있다.

이런 공직자의 삶이 바로 '검이불루 화이불치'한 삶이라고 할 수 있다. 그렇기 때문에 공직자는 떳떳할 수 있고 떳떳해야 한다.

셋째, 나는 꼭 필요한 공직자다!

자신이 관여한 모든 업무추진 결과에 대한 책임은 나에게 있다고 생각하며, 법과 원칙을 지키고, 자신에게 주어진 재량을 최소화하면서, 기회와 준비의 상관관계를 믿는 등의 네 가지 공직 마인드로 담당 업무에 최선을 다하는 공직자는 기관에 꼭 필요한 사람이다.

이처럼 선후배 동료들의 신뢰를 받고, 민원인에게 떳떳하며, 조직에 꼭 필요한 사람으로 인정받는 공직자가 바로 일을 통해서 많은 성취감과 보람을 느낄 수 있는 행복한 공직자이다.

3장
긍정적 평판을 만들자

01 **평판이란**
02 **평판 관리의 필요성과 유형**
03 **평판 관리 방법**
04 **명심할 것 두 가지**

공직자들의 가장 큰 관심사는 승진이다. 그런데 공공기관뿐만 아니라 모든 조직은 구조적으로 승진할 자리보다 승진을 희망하는 대상자가 훨씬 많다. 그렇기 때문에 모든 공공기관에서는 승진을 희망하는 대상자들 중에서 업무실적과 능력을 평가해서 승진 대상자를 선발한다. 이런 과정을 평정이라고 한다.

그런데 평정자가 모든 평정 대상자를 정확하게 파악하기 어렵고, 서로 다른 업무특성을 비교하는 것도 현실적으로 매우 어렵다. 그렇기 때문에 평정자들은 이런 문제점을 보완하기 위해 일반적으로 대상자에 대한 평판을 비공식적으로 활용하고 있다.

01
평판이란

　성(性)이 오(吳)가인 나는 어린 시절에 친구들로부터 오강, 오줌싸개 또는 오징어라는 놀림을 받았다. 당시 요강을 오강이라고도 했다. 나는 이런 별명이 싫어서 성을 바꿔 달라고 조르기도 했었다.
　별명은 나이에 따라 조금씩 변한다. 어린 시절에는 주로 이름에 빗댄 별명이 만들어지는데, 조금씩 자라면서 곰보, 짱구, 풍땡이 등과 같이 주로 신체적 특징에서 별명이 만들어지고, 청소년기를 거치면서 점차 여우, 깍쟁이, 살살이 등과 같이 주로 성격이나 행동특성을 나타내는 별명이 만들어진다.

평판은 바로 직장 내부에서 만들어지는 별명이라고 할 수 있다. 다만 차이가 있다면, 별명은 짧은 시간에 만들어지지만 평판은 오랜 시간에 걸쳐 서서히 만들어지고, 별명은 당사자에게 자연스럽게 호칭으로 사용되지만 평판은 대부분이 당사자는 모르는 상태에서 다른 사람들 사이에서 자신을 상징하는 용어로 사용된다. 또한 별명은 시간이 지남에 따라 자연스럽게 소멸되거나 바뀌기도 하지만 평판은 쉽게 소멸되거나 바뀌지 않는다. 그 이유는 별명은 대상자의 단순한 특징을 소재로 해서 만들어지지만, 평판은 오랜 시간을 거쳐 고착화되거나 일반화된 대상자의 행동 습관이나 성격 등을 상징하는 용어로 만들어지기 때문이다.

모든 공직자의 등 뒤에는 자신만 모르는 자신에 대한 평판이 그림자처럼 따라다니고 있다. 문제는 이 평판도 별명과 마찬가지로 다른 사람들이 붙이는 것이기 때문에 당사자가 스스로 붙였다 떼었다 할 수 없다는 것이다.

평판에는 긍정적인 평판도 있고, 부정적인 평판도 있다. 긍정적인 평판은 공직 생활에 많은 도움을 주게 되지만, 부정적인 평판은 공직자의 앞길을 방해하는 걸림돌이 된다.

그렇기 때문에 어차피 생길 평판이라면 긍정적 평판이 붙는 것이 좋다.

평판의 내용

공직자에게 붙는 평판은 그 사람의 특성이나 특기를 나타내기 때문에 평가하는 사람의 관점에 따라 다양하게 만들어질 수 있다.

> 학교에서 근무하던 때의 일이다.
> 어느 날 교육청에서 근무하는 선배로부터 전화가 왔다. 그 선배는 나와 함께 근무하는 직원 중에 한 사람을 지목하면서 본청에서 일을 할 만한 사람이냐고 물었다.
> 그 직원은 평소에 업무추진에 관한 적극성이 좀 부족하다고 느끼던 사람이었다. 그래서 적극성이 좀 부족하다고 대답했다.
> 만약 긍정적으로 대답했다면 그 직원은 다음 인사에서 교육청으로 발령 났을 것이다.

사례의 경우, 긍정적으로 대답해서 그 직원이 본청으로 들어간 후에 업무능력이 부족한 사람으로 평가받게 되면 어떻게 될까?

그것은 내가 그 직원을 잘못 평가했거나 거짓말을 한 것이 되기 때문에 나에 대한 신뢰도가 크게 떨어질 수 있다. 그렇기 때문에, 누군가 특정인에 대한 평판을 묻는다면 정확하게 대답하는 것이 자신을 위해 좋다.

이 사례에서 교육청의 선배가 "본청에서 일을 할 만한 사람이냐?"라고 물었을 때, 그 말은 대상자가 업무능력이 좋은 사람인지 그리고 본청 생활에 적합한 인성을 갖춘 사람인지 등을 물은 것이다.

이처럼 평정자는 평판으로 대상자의 업무능력을 비롯해서 근무 마인드와 인간성 등을 알고 싶어 한다.

평판으로 그 대상자를 정확하게 알 수 있을까?

아니다. 평판이란 그 대상자에 대해 평가자들이 공통적으로 느끼는 주관적인 편견이기 때문에 정확하다고 말할 수 없다.

평판의 한계

평판은 일반적으로 대상자에 관한 겉으로 드러난 정보로 형성되기 때문에 정확하지 않을 수 있다. 평판에는 세 가지의 한계가 있다.

첫째, 평판은 거울이다. 거울은 물체의 형태와 색상을 볼 수 있지만 물체의 질감은 알 수 없다. 또한 평평하지 않은 거울은 물체의 형상을 왜곡되게 보여 준다.

사람들은 경쟁 상대를 평가할 때 긍정적으로 평가하는 것에 인색하다. 대상자를 자신과 비교해서 자신보다 긍정적인 부분은 축소하려 하고, 자신보다 부정적인 부분은 강조해서 평가하려는 경향이 있다.

둘째, 평판은 그림자이다. 그림자는 색상을 구분할 수 없고, 빛의 방향에 따라 피사체의 형상이 서로 다르게 나타난다. 대부분의 평가자들은 자신의 관심사항을 중심으로 대상자를 평가하려는 경향이 있다.

셋째, 평판은 뒷담화로 만들어진다. 평판은 당사자에게 직접 전달되지 않고, 다른 사람들의 입에서 입으로 전달되기 때문에 부풀려지거나 왜곡되기도 한다.

이처럼 평판은 평가자가 대상자를 보았던 순간의 모습을 중심으로 평가자가 받은 강한 인상이나 느낌을 함축적으로 표현한 것이다. 그렇기 때문에 평판은 그 대상자의 모든 것을 정확하게 평가한 것이라고 볼 수 없다. 그럼에도 불구하고 평판을 관리해야 하는 이유는 바로 평판의 효과 때문이다.

평판의 효과

앞에서 설명한 것처럼, 평판에는 긍정적인 평판도 있고 부정적인 평판도 있다.

긍정적인 평판은 대상자에게 디딤돌이 되기도 하고, 날개가 되기도 하며, 어려운 일에 부닥쳤을 때는 울타리가 되어 대상자를 보호해 주기도 한다.

반면에, 부정적인 평판은 대상자에게 걸림돌이 되기도 하고 족쇄가 되기도 해서, 대상자가 어떤 일을 하려 할 때 장애가 될 수 있다.

그렇기 때문에 어차피 만들어질 평판이라면 긍정적인 평판이 만들어질 수 있도록 평소에 적극적으로 평판을 관리하는 것이 좋다.

02
평판 관리의 필요성과 유형

그러면, 평판을 왜 관리해야 하는지 그 필요성과 평판을 관리하는 방법에는 어떤 유형이 있는지를 살펴보자.

평판 관리의 필요성

모든 공공기관은 피라미드형 계급사회이다. 이런 구조에서는 당연히 공급보다 수요가 많을 수밖에 없다.

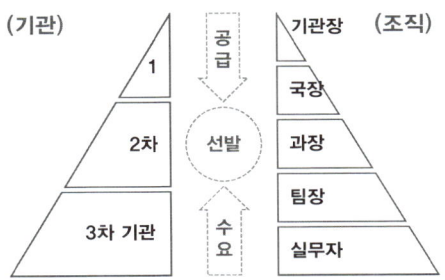

그렇기 때문에 공공기관에서는 공급보다 많은 수요자들 중에서 우수한 사람을 선발하는 것이 현실이다.

3장 긍정적 평판을 만들자

개미는 근면을 상징하는 곤충이다. 개미들이 일하는 모습을 관찰하던 이탈리아의 경제학자 빌프레도 파레토는 먹이를 찾아 열심히 일하는 개미는 전체의 20% 정도뿐이고, 80%는 개미굴 안에서 허드렛일을 한다는 것을 발견했다. 그래서 꿀벌의 행동특성도 관찰했는데 같은 특성을 확인했다.

파레토는 곤충들의 이런 행동특성과 이탈리아 인구의 20%가 이탈리아 전체 부의 80%를 가지고 있는 현상을 연계해서 2080법칙을 발표했다. 2080법칙은 우리 사회에서 일어나는 모든 현상의 80%는 20%의 원인으로 인해서 발생한다는 것이다.

이 법칙을 공직사회에 적용하면 전체 구성원 중에서 열심히 일하는 20%가 조직성과의 80%에 기여한다고 볼 수 있다. 그런데 공직자들은 모두 자신이 선발되기를 원한다. 그렇기 때문에 모든 공공기관에서는 열심히 일하는 20%에 해당되는 사람을 선발하기 위한 평정이 불가피한 것이다.

공직자의 평정은 근무실적과 직무수행 능력으로 나누어서 평가하는데, 근무실적은 난이도와 완성도 그리고 적시성을 평가하고, 직무수행능력은 기획력을 비롯해서 고객지향, 추진력, 팀워크, 의사전달력, 협상력, 성실성, 신속성 등의 8가지 항목으로 평가한다.

이처럼 평정 대상자의 업무능력을 세분해서 정확하게 평가하는 제도가 마련되어 있음에도 불구하고 평정 결과에 대한 대상자들의 신뢰도는 일반적으로 높지 않은 것이 현실이다.

지난 2012년 우리나라와 우즈베키스탄의 올림픽 최종예선 3차전에서 있던 일이다.

경기는 전반 13분에 기성용의 자책골로 0:1로 뒤지는 것으로 시작되었다.

그 후 전반 43분에 기성용의 프리킥을 곽태휘가 헤딩으로 1:1동점을 만들었고, 이어서 후반 12분에 이동국이 역전골을 터트렸지만, 후반 14분에 동점골을 허용해서 2:2 무승부로 끝났다.

이 사례에서 기성용의 실책에 대한 평가의견은 사람에 따라 다를 수 있다. 여러분이 감독이라면 기성용의 실책을 어떻게 평가하겠는가?

첫째, 실책을 했으므로 최하위로 평가한다.
둘째, 실책은 만회골에 기여한 것으로 상쇄한다.
셋째, 실책은 적극적 플레이로 인한 것이므로 감점하지 않는다.

이처럼 평가자의 관점에 따라 그 결과는 크게 다를 수 있기 때문에 어떻게 평가하더라도 잘못 평가했다고 단정할 수는 없다.

공공기관의 조직은 축구팀과는 비교할 수 없을 만큼 규모가 크고, 업무의 종류와 난이도가 매우 다양하다. 따라서 수많은 대상자들에 대한 근무실적과 직무수행 능력을 평정자가 객관적으로 공정하게 평가한다는 것은 현실적으로 불가능하다고 할 수 있다.

평정자가 다음과 같이 파악하고 있는 네 명을 평정한다면,
평정자는 어떤 순위로 평가하게 될까?

A : 업무능력이 좋은 사람　　B : 전혀 모르는 사람
C : 업무능력이 부족한 사람　D : 얼굴만 아는 사람

① A-B-C-D　　② A-B-D-C
③ A-D-B-C　　④ A-D-C-B

이 사례에서 평정자가 네 명의 대상자를 어떤 순위로 평정해도 잘못했다고 말할 수는 없다. 사례에서 평정이 어려운 사람은 B, C, D이다. 평정자의 관점에 따라 다를 수 있지만, '눈도장' 찍는다는 말이 있는 것처럼 일반적으로 전혀 모르는 사람보다 얼굴만이라도 아는 사람을 더 선호하고, 업무능력이 부족한 사람보다는 전혀 모르는 사람을 선호한다. 그렇기 때문에 일반적으로 A-D-B-C의 순으로 평가하게 된다.

이처럼 평정자가 모든 평정대상자를 정확하게 파악하기 어렵고, 서로 다른 업무특성을 비교하는 것도 현실적으로 매우 어렵다. 그렇기 때문에 대부분의 평정자들은 이런 문제점을 보완하기 위해 비공식적으로 평판을 활용하고 있다. 이와 같이 자신의 의지와 상관없이 그림자처럼 따라다니는 평판이 평정에 많은 영향을 주기 때문에 자신의 평판이 평정에 긍정적인 영향을 줄 수 있도록 적극적으로 평판을 관리할 필요가 있다.

평판 관리 유형

　평판을 관리하는 유형은, 평판을 의식하는 정도에 따라 크게 무관심형과 소신형 그리고 처세술형으로 구분할 수 있다.

　첫째, 무관심형은 다른 사람의 시선에 관심이 없는 사람이다. 자신에 대한 평판을 의식하지 않기 때문에 지나치게 자신감이 넘치는 사람이거나 동료들과 잘 어울리지 못하는 주변인으로 보일 수 있다. 이런 사람은 평판을 의식하는 다른 동료들에게 부담을 줄 수 있다.

　둘째, 소신형은 다른 사람의 시선과 상관없이 자신의 성실한 삶을 위해 소신을 갖고 좋은 생활 습관을 유지하려고 노력하는 사람이다. 이런 사람은 단기적으로는 긍정적인 평판을 만들기 어려우나 시간이 지날수록 신뢰받는 긍정적인 평판으로 작용하게 된다.

　셋째, 처세술형은 마치 카멜레온처럼 주변의 상황에 따라 항상 상대방에게 자신의 언행이 긍정적으로 보일 수 있도록 노력하는 사람이다. 이런 노력은 단기적으로는 평판 관리에 긍정적인 효과를 볼 수 있다. 그렇지만, 시간이 지날수록 언행에 일관성이 부족하다는 것이 드러나게 되고 가식적으로 보일 수 있기 때문에 장기적으로는 부정적인 평판으로 작용할 수 있다.

　따라서 소신형이 평판 관리에 가장 바람직한 유형이라고 할 수 있다.

03
평판 관리 방법

평판 관리란, 평정자가 알고 싶어 하는 자신의 업무능력과 근무 마인드 그리고 인간성에 대한 평판이 긍정적으로 형성되도록 노력하는 것을 말한다.

업무능력 평판 관리

평정자가 평정 대상자에 대하여 가장 알고 싶어 하는 평판내용은 업무능력이다. 나는 실무자 시절에 선배들로부터 "술 잘 먹는 사람이 일도 잘한다."라는 말을 많이 들었다. 그래서 술을 못 마시는 나는 이 말 때문에 위장병이 생겨서 고생하기도 했다. 당연히 음주량은 업무능력과 전혀 상관이 없다. 물론 요즈음에는 이런 말을 하는 사람이 없다. 혹시라도 그런 말을 하는 사람이 있다면 그 사람은 정신 상태를 의심받을 것이다.

"그 사람, 일은 잘하나?"

　모든 공공기관은 소속 공직자들이 많은 업무성과를 거둘 것을 기대한다. 그렇기 때문에 어떤 사람에 대한 평판을 물을 때 기본적으로 "그 사람, 일은 잘하나?" 하고 묻는다.

　어떤 사람이 일을 잘하는지의 여부는 일반적으로 보고서 작성능력과 그 일을 추진해서 성과를 거둘 수 있는 추진능력으로 판단하게 된다.

　보고서 작성능력이 중요한 이유는 모든 행정은 문서행정이기 때문이다. 보고서는 크게 서식 보고서와 서식이 없는 보고서르 구분할 수 있는데, 서식 보고서는 정해진 서식에 맞게 작성하면 되기 때문에 작성이 별로 어렵지 않다. 그렇지만 서식이 없는 검토보고서나 계획보고서 등의 기획보고서는 작성자의 의도를 결재자에게 명확하게 전달해서 동의를 얻어 내는 수단이기 때문에 공직자들이 보고서 작성에 많은 어려움을 겪는다.

　기획보고서는 어떤 상황이나 변수 등에 대해서 '이대로 좋은가?', '지금 하는 방식이 최선인가?' 하는 문제의식에서 작성이 시작된다.

　미흡하다고 느끼는 핵심을 주제로 선정해서, 주제와 관련된 현재 상태를 면밀하게 파악한 다음, 주제를 선정하게 된 배경과 현황을 분석하고, 분석한 결과에 따라 무엇이 문제인지 그 문제점을 도출한 다음, 어떻게 하면 좋은지 개선방안을 착안해서, 현실적으로 실현 가능한 추진계획을 수립하는 것이다.

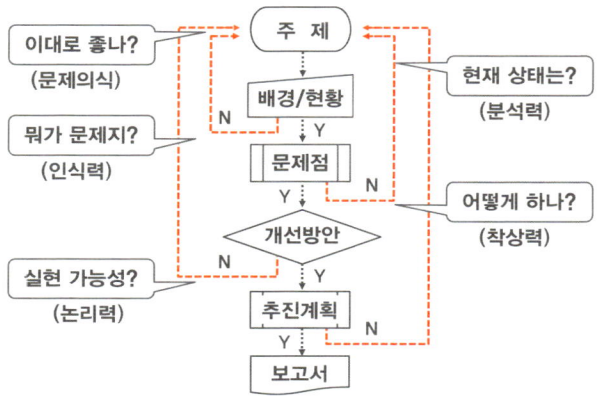

보고서를 작성할 때 유의할 점은 물이 위에서 아래로 흐르듯이 각각의 단계가 서로 연계되어야 한다는 것이다. 그렇기 때문에 기획보고서를 잘 작성하는 사람은 업무능력이 좋은 사람으로 평가받는다. 물론 업무능력을 가장 확실하게 인정받을 수 있는 것은 업무추진 성과를 보여 주는 것이기 때문에 업무추진 능력도 갖추어야 한다. 업무추진 능력에 관해서는 〈6장 적극행정, 공직자 성공의 조건〉을 참고한다.

근무 마인드 평판 관리

평정자가 두 번째로 알고 싶어 하는 평판내용은 대상자의 근무 마인드에 관한 것이다. 대상자가 조직의 목표를 공유하고, 동료들과 화합하면서 합리적으로 일할 수 있는 사람인지를 알고 싶어 하는 것이다.

모든 기관은 그 설치 목적을 효율적으로 달성하기 위해 조직을 분업적으로 구성한다. 기관장은 기관장으로서 맡은 일을 하고, 관리자는 관리자로서 맡은 일을 하며, 팀장과 실무자는 민원인을 대상으로 직접적인 행정을 수행하는 것이다. 이처럼 분업화된 조직에서 자신이 맡은 업무에만 집중하다 보면 자칫 조직의 목표에서 벗어날 수도 있다.

공직자는 조직의 설치 목적과 비전을 공유하면서, 자신이 하려는 일이 기관의 설치 목적과 비전에 부합하는지 살펴보고, 자신이 맡은 일에 대해서는 자신이 최종 책임자라는 자세로 임한다는 마인드를 갖고 있어야 한다.

공직자가 갖춰야 할 근무 마인드는 크게 네 가지로 설명할 수 있다. 첫째, 공직자는 자신이 관여한 모든 일의 결과는 내 책임이고 내 탓이라고 생각하는 마음으로 업무에 임해야 한다. 둘째, 공직자는 업무를 추진하는 과정에 항상 법과 원칙을 지켜야 한다. 셋째, 공직자는 자신에게 부여된 재량을 최소화할 수 있도록 노력해야 한다. 넷째, "기회는 준비된 자에게만 다가온다."라는 말을 굳게 믿고 모든 일에 최선을 다 하는 것이다. 근무 마인드에 관한 구체적인 설명은 〈2장 공직 마인드〉를 참고한다.

인간성 평판 관리

평정자가 세 번째로 알고 싶어 하는 평판내용은 대상자의 인간성이다. 성실한 사람인지 신뢰할 수 있는지를 알고 싶어 하는 것이다.

> 사람1 : 일은 잘하는데 인간성이 좀 그런 사람
> 사람2 : 일은 조금 서툴지만 인간성이 좋은 사람

**위 두 사람 중에서 함께 일할 동료 한 사람을 선택해야 한다면,
당신은 누구를 선택하게 될까?**

물론 일의 유형에 따라 다를 수 있다. 그렇지만 모든 조직은 동료와의 화합을 기반으로 하는 팀워크를 중시하기 때문에 일은 조금 서툴더라도 인간성이 좋은 사람을 선택할 가능성이 높다.

인간성 관리란, 다른 사람으로부터 성실성을 인정받고, 신뢰감을 얻을 수 있도록 하는 것이다.

미국의 철강왕으로 알려진 앤드류 카네기는 카네기홀을 건립하고, 카네기멜론대학과 뉴욕 공공도서관을 비롯해서 전 세계에 3,000개의 도서관을 건립하거나 거금을 기부한 도서관 기부왕으로도 알려졌다.

스코틀랜드에서 가난한 직조공의 아들로 태어난 카네기는 돈을 많이 벌어 가난에서 벗어나는 것이 꿈이었다.

카네기는 초등학교를 졸업하고, 13세 때 아버지를 따라 미국으로 이민을 갔다. 펜실베니아 피츠버그에 정착한 카네기는 면직공장에서 방적공으로 일을 시작했다. 돈을 많이 벌어 가난에서 벗어나겠다는 생각뿐이었던 카네기는 모든 일에 근면하고 성실했다.

카네기는 공장 사무실 직원의 심부름으로 전보를 보내기 위해 전신회사에 자주 갔었는데, 그 과정에 성실한 모습을 본 피츠버그 전신회사에서 카네기를 전보배달원으로 채용했다.

카네기는 전보배달원 일을 하면서 전신회사에서 가장 중요한 일이 전신기사라는 것을 알고, 독학으로 모스 부호를 공부하기 시작했다.

어느 날 전신기사가 자리에 없을 때 전신이 들어왔다. 그래서 카네기가 이를 수신하게 됐는데, 그 일을 계기로 카네기는 전신기사로 임명됐다.

그 후, 전신기사로 성실함을 인정받은 카네기는 펜실베니아 철도회사의 피츠버그 지부장에게 발탁되어 철도 전신기사로 일을 하게 되었다. 철도 전신기사로 일을 하던 어느 날 지부장이 자리에 없을 때 열차 충돌사고가 발생했다. 이 사고는 워낙 중대한 일이었기 때문에 잘못 처리하면 직장에서 해고될 수도 있는 일이었지만, 카네기는 추가 사고를 예방하기 위해 즉시 인근 철도역으로 전신을 보내서 사고발생 사실을 알리고, 열차의 출발을 연기시켰다. 카네기의 신속한 조치로 추가사고를 예방했다는 사실을 알게 된 철도 지부장은 카네기를 자신의 비서로 발탁했다.

철도 지부장의 비서 일을 하면서 철도사업의 전망이 좋다는 것을 알게 된 카네기는 철도 침대차사업이 시작되자 은행에서 자신의 연봉에 상당하는 217달러 50센트를 대출받아서 투자했다. 그런데, 불과 2년 만에 매년 5,000달러의 배당금을 받게 되었다. 가난에서 벗어나는 것이 꿈이었던 카네기는 그때부터 투자사업에 관심을 갖기 시작했다.

얼마 후, 철도 지부장이 은퇴하자 카네기는 지부장으로 승진했다. 지부장이 된 후, 대인관계의 폭이 크게 확대되면서 국제적 경제흐름에도 관심을 갖게 된 카네기는 30세에 철도회사를 퇴직했다.

카네기는 철도 침대차 사업에 투자해서 번 돈으로 농장을 매입했는데, 그 농장에서 석유가 터져 나오면서 벼락부자가 되었다. 그 후, 철도회사에 재직하면서 배운 철도와 철강 관련 사업에 투자하던 카네기는 40세 때, 미국 최초의 철강회사인 '에드거 톰슨' 강철회사를 설립해서 철강왕이 되었다.

어찌 보면 카네기는 운이 좋은 사람이라고 말할 수 있다. 그렇지만 그런 행운은 저절로 찾아온 것이 아니었다.

어린 시절 직조공인 아버지의 일을 도우며 익혔기 때문에 미국으로 이민해서 바로 방적공 일을 할 수 있었고, 방적공 일을 하면서 성실함을 인정받았기 때문에 사무실 직원들의 심부름으로 전신회사에 자주 갈 수 있었다.

그뿐만 아니라 사무실 직원들의 심부름을 성실하게 했기 때문에 피츠버그 전신회사에 전보배달원으로 채용됐고, 전보배달원 일을 하면서 독학으로 전신공부를 했기 때문에 전신기사가 자리에 없을 때 들어온 전신을 수신하는 기회를 잡을 수 있었다.

또한 전신기사로 성실함을 인정받았기 때문에 철도회사 전신기사로 일을 할 수 있었고, 열차 충돌사고가 발생했을 때에는 몸에 밴 책임감과 성실함이 있었기 때문에 추가사고를 예방할 수 있었다.

카네기는 습관적으로 근면하고 성실했기 때문에 자신에게 다가온 행운의 기회를 놓치지 않고 잡을 수 있었던 것이다. 이처럼 성실성은 사람을 평가하는 데 가장 중요하고도 기본적인 요건이라고 할 수 있다.

그런데 공직 생활을 하다 보면 자신의 평판이 왜곡되거나 부풀려졌다고 불평하는 사람을 종종 볼 수 있다. 그 이유는 〈1장 공직의 이해〉에서 살펴본 것처럼 동료는 서로의 업무와 관련한 이해관계에 따라 서로 비교하거나 평가하고 경쟁하는 관계이기 때문에 아무리 사이가 좋아도 동료를 긍정적으로 평가하는 것에 인색하기 때문이다.

아무리 유능한 목수가 제작한 가구라도 톱질이나 대패질 등의 제작과정에 발생하는 미세한 오차를 막을 수는 없다.

그렇기 때문에 목수는 마무리 과정에 연결 부분이 헐겁지 않도록 '쐐기'라는 얇은 목심을 박는다. 모든 가구는 이처럼 쐐기를 박아야 헐겁지 않고 견고함을 유지할 수 있다.

긍정적인 평가를 받기 위해서는 자신에게 주어진 통상적인 업무를 잘 하는 것만으로는 조금 부족하다. 자신이 성실하고, 신뢰할 수 있는 사람이라는 긍정적인 평판을 만들기 위해서는 동료들에게 확실한 믿음을 줄 수 있는 추가적인 노력이 필요하다.

주어진 일을 열심히 하는 것은 성실성 관리에 기본이다. 여기에 동료들이 미처 생각하지 못했던 일을 찾아서 능동적으로 한다면 동료들은 그 노력을 인정하지 않을 수 없다.

일을 찾아서 하는 능동적인 근무자세가 바로 성실성 관리에 도움을 주는 쐐기가 되는 것이다. 일을 통해서 느낄 수 있는 성취감이나 보람은 대부분이 능동적으로 찾아서 하는 일에서 나온다.

"맞아, 그 사람이라면 할 수 있지!"

인간성 관리의 두 번째 요소인 신뢰감을 얻으려면 동료들이 자신의 행동특성에 대해 예측할 수 있는 사람이 되어야 한다.

나는 현직에 있을 때 술을 못 마셨지만 회식 자리에는 빠지지 않고 참석했다. 그렇기 때문에 회식 날이면 직원들을 내 차에 태우고 회식 장소에 가곤 했다.

어느 날 퇴근 무렵에 과 회식이 있다는 말을 들었다. 그런데 그날은 감기 증세가 있어서 회식에 참석하고 싶지 않았다.
　　그런데 내 옆에 있던 동료 직원이 "나 좀 태우고 가."라고 말했다. 그때 나는 "알았어!"라고 대답했다.
　　만약 동료 직원이 "회식에 참석할 거야?"라고 물었다면, 참석하지 못한다고 했을 것이다. 그런데 동료 직원은 내가 당연히 참석할 것으로 생각하고 "나 좀 태우고 가."라고 부탁하는 바람에 나는 얼떨결에 "알았어!"라고 대답한 것이다.

　신뢰할 수 있는 사람이란 평판은 하루아침에 만들어지지 않는다. 주변에 사람이 있거나 없거나, 때와 장소를 불문하고 항상 일관된 언행을 장기간 유지해야 만들어질 수 있다.
　평판이 형성되는 시간은 측정할 수 없다. 평판은 일종의 집합적 기억이다. 그렇기 때문에 〈2장 공직 마인드〉에서 사례로 제시했던 영화배우 박진주가 〈복면가왕〉에 한 번 출연한 것으로 조연배우에서 인기 스타가 된 것처럼 짧게는 한순간에 형성될 수도 있고, 길게는 몇 년씩 걸리기도 한다.
　평판이 형성되는 시간과 평판 형성에 관여하는 사람의 수는 반비례한다. 어떤 평판 내용을 소수의 사람들만 보는 경우에는 평판으로 형성되기까지 오랜 시간이 소요되지만, 많은 사람들이 집단적으로 보는 경우에는 단 한 차례의 언행만으로도 평판으로 형성될 수 있다. 분명한 것은 부정적 평판이 긍정적 평판보다 빨리 형성된다는 것이다.

04
명심할 것 두 가지

긍정적 평판을 만들기 위해서는, 먼저 자신에게 부족한 점이 무엇인지를 명확하게 알아야 하고, 두 번째는 그 부족한 부분이 무엇인지 찾았다면 그 부분을 개선하기 위해 최선의 노력을 기울여야 한다.

첫째, 너 자신을 알라!

평판을 관리하려면, 먼저 자신의 업무능력과 근무 마인드 그리고 인간성에 대한 장점과 단점을 파악해서, 장점은 살리고 단점을 개선하는 관리전략을 수립해야 한다. 그런데 자신의 장점과 단점을 명확하게 파악하는 것이 쉽지 않다.

사람들은 누구나 자기 발전을 위해 노력한다. 그렇지만 자기 발전을 위해 노력했다고 해서 모두가 좋은 효과를 거두는 것은 아니다. 그 이유는 자기 스스로 생각하는 자신의 부족한 부분과 다른 사람들이 바라보는 자신의 부족한 부분이 크게 다를 수 있기 때문이다.

오래전에 찍은 사진이다. 이 두 장의 사진 중에서 나와 더 비슷한 사진이 어느 것이냐고 친구들에게 물으면 ①번이라고 말한다. 그렇지만, 나는 ②번이 더 익숙하다. 나는 거울을 통해서만 내 얼굴을 보기 때문이다.

이처럼 자신의 겉모습조차 바르게 보지 못하면서, 자신의 내면을 제대로 안다는 것은 매우 어렵다.

지피지기(知彼知己)면 백전백승(百戰百勝)?

《손자병법》에 나오는 말이라면서 흔히 사용하는 말이다. 그런데 《손자병법》에 이런 말은 없다. 비슷한 말로 '지피지기(知彼知己) 백전불태(百戰不殆)'라는 말이 있다. 적을 알고 나를 알면, 백번 싸워도 위태롭지 않다는 의미이다.

'지피(知彼)', 평정자가 평판을 평정에 이용한다는 것을 알았다. '지기(知己)', 자신이 어떤 부분에서 부정적인 평판을 받는지를 알 수 있다면, 그 부분을 긍정적인 평판이 되도록 관리할 수 있을 것이다.

소크라테스가 "너 자신을 알라!"라고 말한 배경에는 그만큼 자신을 아는 것이 어렵다는 의미를 내포하는 것이다. 그렇기 때문에 자기 분석을 할 때는 선후배 동료들의 도움을 받는 것이 좋다.

둘째, 최선을 다하자!

비행기는 이륙할 때 활주로가 끝나기 전까지 이륙하지 못하면 활주로 밖에 있는 장애물과의 충돌을 피할 수 없다. 그렇기 때문에 비행기는 이륙할 때 엔진을 최대 출력으로 가동하지만 상승을 마치고 순항 고도에 오르면 엔진 출력을 70% 정도까지 낮추어서 비행한다고 한다.

평판 관리도 이와 같다. 긍정적 평판을 만들기 위해서는 평판 관리 유형에서 살펴본 것처럼 다른 사람의 시선과 상관없이 자신의 성실한 삶을 위해 좋은 생활 습관을 유지하려는 목적으로 때와 장소에 상관없이 항상 최선을 다해야 한다. 혹시라도, 최선을 다했음에도 불구하고 긍정적 평판을 만들지 못했다면 그 원인은 자신의 노력이 부족했기 때문인 것이다.

4장
업무관련 공적 소통

01 소통의 필요성과 유형
02 하향적 소통
03 상향적 소통
04 수평적 소통
05 소통 마인드

　공적 소통이란, 공직자가 업무를 수행하는 과정에 상급자에게 의견을 제시하거나 하급자에게 의견을 전달해서 공통의 이해를 도모하는 행위 또는 동료에게 협조를 구하는 행위이며, 나아가 민원인을 대상으로 행정 목적을 달성하는 데 반드시 필요한 수단이다. 그렇기 때문에 공직자는 행정을 효율적으로 수행할 수 있도록 소통 능력을 키워야 한다.
　공직자에게 요구되는 업무수행에 필요한 소통은 그 목적이나 내용에 따라 하향적 소통과 상향적 소통, 그리고 수평적 소통으로 구분할 수 있다. 소통이 필요한 이유와 각각의 소통 방법을 사례를 중심으로 살펴보자.

01
소통의 필요성과 유형

길을 걷다 보면 국제결혼을 홍보하는 광고를 종종 볼 수 있다. 우리나라도 국제결혼이 보편화된 것 같다.

> **착하고 어여쁜 베트남 처녀와 결혼하세요**
> 무료맞선후불제, 성공 100%, 만족 100% 010-0000-0000
>
> 어느 중년 여인 자매가 길을 걷다가 "착하고 어여쁜 베트남 처녀와 결혼하세요."라고 적힌 현수막을 보았다.
> 동생: 베트남 처녀와 말이 안 통해서 어떻게 살까?
> 언니: 너는 남편이랑 말이 통하니?

언니는 동생의 물음에 직접적인 대답을 하지 않고, "너는 남편이랑 말이 통하니?"라며 반문했다. 이 대화에서 동생은 한국 사람과 베트남 사람의 언어적 소통을 물었다. 그런데 언니는 언어적 소통보다 마음의 소통이 더 중요하다는 의미로 대답한 것이다.

이처럼 소통이란 어떤 사실이나, 생각, 의견, 감정 등을 서로 교환해서 공통의 이해를 도모하고, 의식이나 태도, 행동변화를 이끌어 내려는 목적으로 하는 대화로 인간이 살아가는 데 필요한 가장 중요한 삶의 수단이다.

그러면 공직자에게 소통능력이 왜 필요하고 소통에는 어떤 유형이 있는지를 살펴보자.

소통의 필요성

지난 1592년에 발생한 임진왜란은 그 전란을 예방하거나 피해를 최소화할 수 있었음에도 불구하고, 당시 조정의 대신들이 소통을 제대로 하지 않아서 경복궁과 창덕궁 등 두 개의 궁궐이 소실되었고, 최소 100만 명 이상의 인구가 감소했으며, 경작지의 2/3가 황폐해졌다.

이처럼 엄청난 피해를 가져온 임진왜란이 발발하기 9년 전인 1583년 병조판서였던 율곡선생이 선조에게 개혁안으로 '시무육조'를 바치면서 십만양병설을 주장했었다. 그런데 당시 동인과 서인으로 갈라진 당파싸움으로 조정 대신들의 소통이 부족해서 '십만양병설'은 정책으로 채택되지 않았다.

또한 임진왜란이 발발하기 1년 전인 1591년 일본에 사신단으로 파견됐다 귀국한 서인 황윤길이 선조에게 "풍신수길은 담력과 지략을 모두 갖춘 사람이라서 쳐들어올 것 같으니 대비해야 한다."라고 보고했다. 그런데 황윤길과 함께 일본에 다녀온 동인의 김성일은 "두려워할 위인이 못 된다."라고 서로 상반되게 보고해서 왜적의 침입에 대한 대비를 소홀하게 했다. 임진왜란이 우리에게 주는 교훈 중 하나가 바로 공직자들이 소통을 제대로 하지 못하면 업무의 효율이 떨어지는 것은 물론이고, 그로 인한 부작용이 매우 크다는 것이다.

소통 유형

공직자에게 필요한 업무와 관련된 소통 유형에는 소통 목적이나 내용에 따라 하향적 소통과 상향적 소통 그리고 수평적 소통으로 구분할 수 있다.

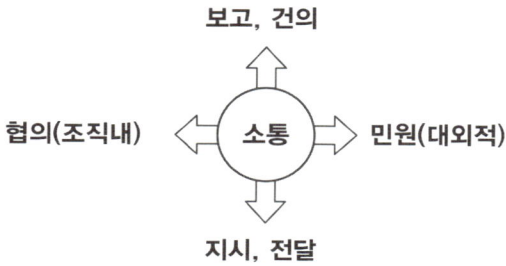

또한 소통하는 대상에 따라 조직 내 소통과 대외적 소통으로 구분할 수 있고, 소통 방법에 따라 언어적 소통과 비언어적 소통으로 구분할 수 있다.

02
하향적 소통

하향적 소통은 상급자가 하급자에게 자신의 의도를 전달하는 수단으로, 조직 내에서 결재자가 실무자에게 업무에 관한 지시나 명령 등을 전달하는 방법을 말한다. 물론, 일방적인 지시나 명령은 소통이 아니다.

지시나 명령이 하향적 소통으로 기능하기 위해서는 소통과정에 결재자가 전달하는 내용에 대해 실무자들이 자유롭게 의사표현을 할 수 있는 환경을 조성해 주어야 한다.

이런 환경을 조성하려면 가장 중요한 것이 실무자들이 자유롭게 의사표현을 할 수 있도록 잘 들어 주는 것이다. 또한 전달하려는 내용을 실무자들이 쉽게 이해할 수 있도록 잘 알려 주어야 한다. 그뿐만 아니라 실무자들의 자발적인 노력을 이끌어 내기 위해서는 결재자가 항상 실무자들과 함께한다는 것을 의식할 수 있도록 해야 한다.

잘 들어 주기

잘 들어 준다는 것은, 실무자들이 긍정적인 의견뿐만 아니라 부정적인 의견도 자유롭게 표현할 수 있도록 하는 것이다. 이때 유의할 것은 무슨 의견을 제시하더라도 그 의견을 비난하면 안 된다.

자신의 의견에 대해 상급자로부터 비난을 받은 경험이 있는 하급자는 의사표현을 소극적으로 하기 때문이다.

물론, 실무자가 제시한 의견이 주제와 직접적인 관련이 없는 불필요한 의견이라고 생각되는 경우도 있을 수 있다. 그렇지만 그런 의견에 다른 의견을 보충해 주면 참신한 의견으로 바뀔 수 있고, 실무자에게 의사표현에 대한 자신감을 키워 줄 수 있기 때문에 어떤 의견이라도 비난하면 안 된다.

결재자와 실무자가 업무에 관하여 나누는 대화는 모두 회의라고 할 수 있다. 회의 진행 방식을 민주적 방식과 합리적 방식으로 구분할 때 순수한 민주적 회의는 비효율적이기 때문에 대부분의 조직에서는 운영효율을 높이기 위해 합리적 방식으로 회의를 진행한다. 물론 최종 의사결정을 하기 전까지는 다양한 의견을 자유롭게 제시할 수 있어야 하고, 최종 의사결정을 할 때에만 조직 목적에 부합하도록 합리적으로 판단해서 결정한다. 이때, 실무자들이 제시한 방안을 거부하고 다른 방안을 채택하는 경우에는 그 이유를 설명하고 동의를 구하는 것이 좋다. 따라서 업무성과에 대한 공은 실무자들과 나누지만, 그 책임은 전적으로 결재자인 자신에게 있다는 마인드로 소통해야 한다.

회의를 진행할 때 결재자가 먼저 안건에 대한 구체적인 의견을 제시하면 실무자들은 안건에 대해 깊은 생각을 회피할 수 있고, 결재자 의견에 대해 수동적인 입장을 취할 수도 있다. 그렇기 때문에 결재자는 회의 안건에 대한 구체적인 의견을 실무자들보다 먼저 제시하지 않도록 유의해야 한다.

중국의 역사소설 《초한지》에 나오는 주인공인 항우와 유방의 이야기이다. 명문 귀족 출신인 항우는 용맹하고, 전략과 전술이 뛰어나며, 카리스마를 겸비한 금수저였다. 그런데 농민 출신인 유방은 학문도 부족하고, 전략이나 전술에도 무지한 흙수저였다.

능력 있고 자존감이 강한 항우는 전쟁을 하기 전에 자신이 먼저 전략과 전술에 관한 의견을 제시하고 부하들에게 "하여, 내 의견이 어떠냐?" 하면서 부하들의 의견을 차단했다. 그뿐만 아니라 전쟁에서 승리했을 때는 전략과 전술이 뛰어난 자신의 공이고, 패배했을 때는 부하들에게 그 책임을 물었다.

반면에 자신이 부족하다는 것을 잘 알고 있는 유방은 전쟁을 하기 전에 상황을 설명한 다음 "여하, 어찌하면 좋겠나?" 하면서 부하들에게 의견을 물었고, 전쟁에서 승리했을 때는 부하들에게 상을 내리고, 패배했을 때는 자신이 무능했기 때문이라며 부하들에게 책임을 묻지 않았다.

그렇기 때문에 항우의 곁에 있던 수많은 인재들은 처음에는 항우를 신뢰했지만, 항우가 '하여'를 거듭할수록 하나둘씩 떠나거나 배신을 했다. 반면에 유방의 곁에 있는 인재들은 처음에는 유방을 크게 신뢰하지 않았지만, 유방이 '여하'를 거듭할수록 인재들이 찾아와서 자발적으로 충성하게 되어 결국 유방이 천하를 통일하게 되었다고 한다.

이처럼 결재자는 회의를 진행할 때 먼저 의견을 제시하지 말고 하급자의 의견을 충분히 듣는 것이 좋다. 물론, 시간을 다투는 긴급한 안건이라 어쩔 수 없는 경우도 있다. 그런 경우에도 그 배경을 실무자들에게 설명한 후에 자신의 의견을 제시하고 동의를 구하는 것이 좋다.

잘 알려 주기

조직을 송곳에 비유하면 송곳의 날은 실무자, 날과 손잡이를 연결하는 부분은 실무팀장, 손잡이는 관리자, 그리고 송곳에 힘을 가하는 헤드 부분은 기관장이라고 할 수 있다.

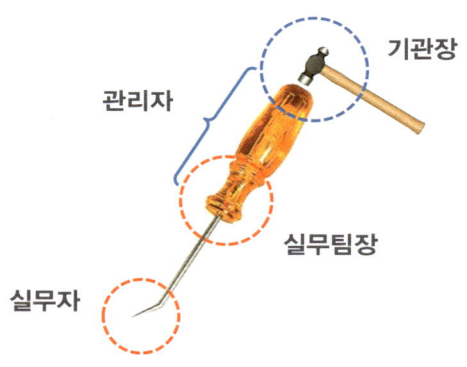

만약, 송곳의 날이 휘어졌다면 어떻게 될까? 당연히 송곳은 제 기능을 발휘할 수 없다. 그렇기 때문에, 상급자는 실무자들이 기관의 목적과 목표를 공유할 수 있도록 잘 알려 주어야 한다.

예산업무를 담당하던 때의 일이다.

어느 날 교육감님이 밴드부를 운영하는 A 학교에 대한 예산지원에 관하여 지시했을 때, 실무자인 내가 답변했던 대화 내용이다. 물론, 교육감님이 정책적으로 지원할 수 있는 포괄적 사업예산이 별도로 있었다.

교육감: A 학교에 악기 구입비를 지원해 주지.
실무자: 동일한 상황의 다른 학교를 포함해서 검토해 보겠습니다.
교육감: 그 학교만 지원해 주면 안 돼?
실무자: 그렇게 하는 것은 형평에 맞지 않습니다.
(교육감님이 잠시 나를 쳐다보았다.)
교육감: 알았어, 가 봐.

결국, A 학교에 악기 구입비를 지원하지 않았다. 송곳의 날이 휘어졌기 때문에 A 학교에 악기 구입비를 지원할 수 없었던 것이다. 그렇지만 훗날 나는 어려움을 좀 겪었다. 경솔했던 것이다. 이 소통에서 어느 부분이 어떻게 부족했는지 살펴보자.

첫 번째 문단, "A 학교에 악기 구입비를 지원해 주지."라고 지시한 부분은 일방적인 지시로 소통이 아니다. 이 지시가 하향적 소통이 되려면 A 학교에 악기 구입비를 지원할 필요성에 대해 설명했어야 한다.

두 번째 문단, "동일한 상황의 다른 학교를 포함해서 검토해 보겠습니다."라고 답변한 부분은 교육감님을 배려하지 않고 내 의견을 직설적으로 표현한 것으로 소통이 아니다. 이 답변이 상향적 소통이 되려면 "예, 검토하겠습니다."라고 말씀드린 다음, "혹시 비슷한 상황의 다른 학교가 있다면 어떻게 할까요?"라고 질문했어야 한다.

세 번째 문단, "그 학교만 지원해 주면 안 돼?"라는 말도 일방적으로 강요하는 것으로 소통이 아니다. 이때라도 A 학교에만 악기 구입비를 지원해야 하는 필요성에 대해 설명했어야 한다.

네 번째 문단, "그렇게 하는 것은 형평에 맞지 않습니다."라고 대답한 것도 교육감님의 지시가 부당하다고 직설적으로 답변한 것으로 소통이 아니다. 이때도 우선 "예, 검토하겠습니다."라고 말씀드린 다음, "혹시 비슷한 상황의 다른 학교가 있다면 어떻게 할까요?"라고 질문을 하거나, 검토 보고서에 '비슷한 상황의 다른 학교에서 재정지원 형평성 문제를 제기할 수 있을 것'이라는 내용을 포함해서 보고했어야 했다.

다섯 번째 문단에서는 특별히 부족한 부분이 없다. 오히려 교육감님 면전에서 "형평에 맞지 않는다."라고 대답을 했으니, 그 자리에서 꾸중을 듣지 않은 것이 천만다행이었다.

카누와 조정의 가장 기본적인 차이는 무엇일까?

카누는 앞으로 가지만 조정은 뒤로 간다. 조정 선수 9명 중에서 유일하게 목표를 향해 진행 방향을 보고 앉은 사람을 타수라고 하고, 목표를 등지고 앉아서 노를 젓는 사람들을 페어라고 한다.

페어들은 목표 지점을 볼 수 없기 때문에 타수의 지시가 없으면 목표 지점에 빨리 도착할 수 없다. 그렇기 때문에 타수는 페어들에게

"알아서 해."라고 말하면 안 된다. 타수가 명확하게 지시를 해야 목표 지점에 빨리 도착할 수 있다.

이처럼 상급자는 하급자에게 지시할 때 구체적으로 필요성과 방향을 하급자가 충분히 이해하고 공감할 수 있도록 잘 알려 주어야 한다.

실무자가 작성한 보고서를 보면 수정하거나 보완해야 할 부분이 종종 눈에 띄어 반려하는 경우가 있다.

보고서를 반려하는 방법 세 가지
① 다시 작성하라고 하면서 반려한다.
② 수정하거나 보완하는 방법을 설명하고 반려한다.
③ 직접 수정하거나 보완해서 반려한다.

이 세 가지 방법 모두 장점도 있고 단점도 있다.

첫 번째, 다시 작성하라고 하면서 반려하는 방법은 담당자에게 많은 고민을 주게 된다. 그렇지만 고민이 깊어지는 만큼 담당자의 업무역량을 증진시키는 데 많은 도움을 줄 수 있다. 물론 담당자는 업무 부담이 커서 불만이 생길 수 있고, 업무를 신속하게 추진하기 어렵다.

두 번째, 수정하거나 보완하는 방법을 설명하고 반려하는 방법은 담당자의 업무 부담이 크게 감소하고, 첫 번째 방법보다 업무를 신속하게 추진할 수 있다. 그렇지만 담당자의 고민이 적어지는 만큼 업무를 수동적인 자세로 추진하게 되기 때문에 첫 번째 방법보다 업무역량을 증진시키는 효과는 적어지게 된다.

세 번째, 직접 수정하거나 보완해서 반려하는 방법은 업무를 신속하게 추진할 수 있다. 그렇지만 담당자의 업무역량을 증진시키는 효과가 거의 없고, 일에 대한 책임의식도 저하된다.

따라서 보고서를 반려하는 방법은 업무의 특성과 상황을 고려해서 선택해야 한다. 그뿐만 아니라, 결재자는 실무자들에게 "알아서 해."라는 말을 하지 않아야 한다. 그런 말은 "나는 모르니까 알아서 해."라는 말로 오해할 수 있기 때문에 실무자들로부터 신뢰받을 수 없다.

물론 결재자가 그 일을 모를 수도 있다. 그런 경우에는 솔직히 잘 모르겠다고 밝히고, 실무자들과 함께 해결방안을 찾는 것이 좋다. 이제 "나를 따르라!" 하고 강요하거나, "알아서 해!"라며 마치 전권을 위임하는 것 같은 무책임한 소통은 안 된다. 결재자는 실무자들과 함께 서로 부족한 점을 보완하면서 성과를 낼 수 있도록 이끌어야 한다. 또한, 지시할 때는 포괄적으로 해야 실무자들이 다양한 생각을 할 수 있고, 확인할 때는 구체적으로 해야 실무자들이 다른 일을 할 때도 꼼꼼하게 살피면서 하게 된다.

함께하기

사람은 누구나 자신이 존중받기를 원한다. 여기서 존중받는다는 것은 인정받는다는 말과 같은 의미이다.

> "직원들은 직장 생활에 만족을 느낄 때 혁신적이고
> 창의적인 아이디어가 떠오를 가능성이 50% 높아진다."
> "직원들의 만족도를 높이는 가장 효과적인 수단은
> 리더가 직원들의 노력을 인정해 주는 것이다."
> – 테레사 아마바일, 하버드 경영대학원 교수

직원들은 상급자로부터 인정받을 때 창의력이 높아진다. 따라서 조직을 효율적으로 운영하려면 직원들의 자존감을 높여 주어야 한다.

함께한다는 것은 즐거울 때뿐만 아니라 힘들고 괴로울 때도 항상 함께하는 것이다.

조직을 이끌다 보면, 때로는 직원을 칭찬하거나 질책하는 경우도 있다. 그런데 한 번의 질책으로 자존감에 상처를 받으면 열 번의 칭찬도 아무 소용이 없다. 사람들은 상처에 더 민감하기 때문이다.

칭찬이나 질책도 하향적 소통의 하나이다. 그렇기 때문에 칭찬이나 질책도 직원의 자존감을 키워 주고, 업무능력을 향상시키는 동기로 작용할 수 있어야 한다.

기성세대가 자신의 경험을 일반화해서 비교하는 행위를 속된 말로 '꼰대질'이라고 한다. 업무 환경이나 여건이 크게 바뀌었음에도 불구하고, 선배가 후배에게 단순히 자신이 과거에 경험했던 사례와 비교해서 말을 하면 후배들은 싫어할 수밖에 없다. 그렇기 때문에 칭찬이나 질책을 할 때도 유의할 것이 있다.

첫째, 칭찬이나 질책은 그때그때 해야 한다. 칭찬을 미루면 일을 잘한 것에 대한 효과가 없기 때문에 일의 능률이 저하될 수 있다. 또한, 질책을 미루면 상대방에 대한 감정이 쌓일 수 있고, 그 상대방은 자신의 실수를 대수롭지 않게 생각할 수 있다.

둘째, 칭찬이나 질책은 일의 결과보다는 과정에 초점을 두어야 한다. 직원을 칭찬하거나 질책하는 목적은 직원의 업무능력을 향상시키기 위한 것이기 때문에, 칭찬이나 질책이 업무능력을 향상시킬 수 있는 동기로 작용할 수 있도록 일의 과정에 초점을 두어야 한다.

셋째, 칭찬이나 질책은 구체적으로 해야 한다. 칭찬할 때는 구체적으로 잘한 부분을 칭찬해 줌으로써 그 행동을 더욱 강화하도록 하고, 질책할 때는 구체적으로 잘못한 부분을 지적하면서 그것을 개선하려면 어떻게 하는 것이 좋은지 의견을 물은 다음, 그 답변이 미흡한 경우에는 합리적인 개선방안을 제시해 줘야 한다.

넷째, 칭찬이나 질책은 반드시 일을 대상으로 하고, 사람은 항상 동료로 인정하며 격려해야 한다.

다섯째, 칭찬이나 질책을 할 때 가장 주의할 것은, 진정성이 담겨야 한다. 상대방의 성장을 바라는 진정성을 담은 질책은, 상대방에게 칭찬보다 더 큰 도움을 주게 되고 신뢰감을 두텁게 해 준다.

03
상향적 소통

상향적 소통은 아랫사람이 윗사람에게 자신의 의도를 전달하는 수단으로, 조직 내에서 실무자가 결재자에게 업무와 관련해서 보고하거나 건의하는 수단이다.

모든 행정은 문서행정이다. 그런데 모든 보고서는 결재권자의 결재를 받아야 문서로서 효력이 발생한다. 보고서를 아무리 잘 작성했어도 최종 결재를 받지 못하면 폐기될 수밖에 없다.

열심히 작성한 보고서가 결재를 받아 문서로서 효력이 발생할 수 있는지의 여부는 보고서 작성능력과 보고자의 프레젠테이션 능력에 달렸다고 할 수 있다. 그렇기 때문에 보고서를 작성하는 것과 보고서를 결재 받기 위한 프레젠테이션도 대표적인 상향적 소통의 하나이다.

보고서 작성 방법에 관해서는 〈3장 긍정적 평판을 만들자〉의 '업무능력 평판 관리'를 참조한다.

일반적으로 업무능력이 부족한 사람은 프레젠테이션을 잘할 수 없다. 따라서 프레젠테이션을 잘 하는 사람은 업무능력도 우수한 사람이라고 평가받는다. 그렇기 때문에 프레젠테이션은 공개적으로 자신의 능력을 홍보할 수 있는 가장 효과적인 기회로도 작용한다.

그런데 프레젠테이션을 잘못 이해하고 있는 사람을 종종 볼 수 있다. 프레젠테이션을 오해하는 이유는 다섯 가지로 설명할 수 있다.

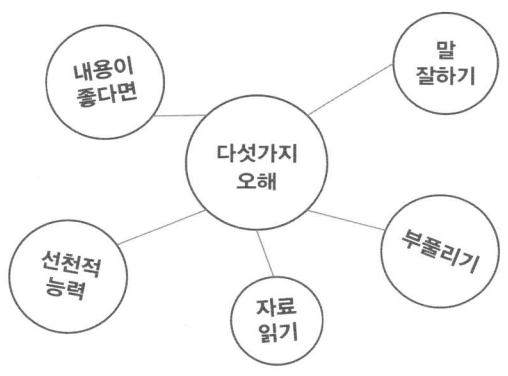

오해 1) 보고서의 내용이 좋으면 전달방법은 중요하지 않다는 생각이다. 아니다. 내용이 아무리 좋아도 잘못 전달되면 결재를 받을 수 없다.

> 예산업무를 담당하던 때의 일이다.
> 당시 IMF 외환위기로 인해서 '재정운영 효율화'가 국가적인 최대 이슈였다. 그때 나는 학교에서 건전재정을 운영할 수 있도록 자율적으로 통제하는 방안을 마련하면 좋겠다는 생각을 했다. 고민 끝에 재정지표를 만들어서 학교별로 공개하도록 하는 「각급학교 재정운영 효율화 방안」을 구상하기 시작했다.

학교별 결산자료를 토대로 집행내역을 성질별로 분류하고, 성질별 비율을 지표로 만들어 공개해서 학부모들이 연도별로 성질별 재정집행 실태를 쉽게 비교할 수 있도록 하는 방식이다.

재정지표 작성방법을 구상하고, 관내의 전체 초·중·고등학교에 대한 최근 3년 동안의 연도별 재정지표를 작성하고 있는데 교육부로부터 교육청 평가를 받게 되었다. 나는 어쩔 수 없이 완성되지 않은「각급학교 재정운영 효율화 방안」을 재정분야의 평가 자료로 제출했다.

교육청 평가 당일,「재정운영 효율화 방안」을 살펴본 평가위원들은 '재정지표 개념을 활용해서 단위 학교에서 건전재정을 운영할 수 있도록 자율적으로 통제하는 방식은 전국적으로 시도된 사례가 없는 매우 좋은 방안'이라고 평가했다. 그래서인지 재정분야의 평가점수가 다른 분야보다 높게 나왔다.

교육청 평가가 끝나고 얼마 후,「각급학교 재정운영 효율화 방안」을 완성했다.

그런데 교육감님께는 말씀도 드리지 못하고 폐기되고 말았다. 중간 결재과정에서 '교육감님의 운신의 폭이 좁아진다'는 이유로 결재를 차단했던 것이다.

우리 속담에 '염불에는 맘이 없고 잿밥에만 맘이 있다'는 말이 있다. 사례에서 결재를 차단했던 중간 결재권자는 잿밥에 관심이 많은 사람이었던 것이다.

그렇기 때문에 프레젠테이션을 할 때는 결재자의 성향도 고려해야 한다.

창의적인 사고방식에 관한 연구의 선구자 네드 헤르만(Ned Herrmann)은 결재자 유형을 이론형과 관리형, 독창형 그리고 감정형으로 나누었다.

이론형 결재자는 논리적 일관성과 설득력을 중요시하는 사람이다. 이런 유형의 결재자는 보고서의 내용 중에 단순한 데이터의 오류가 있어도 용납하지 않는다.

관리형 결재자는 계획성과 실현 가능성을 중요시하는 사람이다. 그렇기 때문에 현실적으로 실현 가능하다는 것을 확실히 납득할 수 있어야 결재한다.

독창형 결재자는 새롭고 혁신적인 제안을 선호한다. 예를 들면 '최초'나 '획기적'이라는 표현을 좋아하고, 시각적 효과나 스토리를 보고서에 담는 것을 좋아한다.

감정형 결재자는 인간관계를 중시하는 사람이다. 이런 유형의 결재자에게는 보고서 내용을 관련부서와 충분히 합의했기 때문의 갈등이 발생할 소지가 없다는 것을 강조하는 것이 좋다.

사례로 제시했던「각급학교 재정운영 효율화 방안」의 결재를 차단했던 결재자는 감정형 결재자로 볼 수 있다. 그러니까 사례의 경우에는 중간 결재를 받기 전에 교육감님의 구두결재를 먼저 받았어야 했던 것이다. 물론 사례의 경우 중간 결재자가 독창형 결재자였다면 쉽게 결재했을 것이다 오해 2) 프레젠테이션은 말만 잘하면 된다는 생각이다. 아니다. 프레젠테이션 중간에 질문을 받을 수도 있다. 그런데 결재자는 보고서 내용과 직접 관련이 없는 간접적인 내용도 질문할 수 있다. 이때, 그 질문에 명확하게 답변하지 못한다면 말을 아무리 잘해도 신뢰받지 못한다. 그렇기 때문에 보고자는 주제와 관련된 직접적인 지식뿐만 아니라 간접적인 지식도 폭넓게 알고 있어야 한다.

오해 3) 프레젠테이션은 보고서의 내용을 잘 포장해서 부풀리는 것이라는 생각이다. 아니다. 프레젠테이션 목적은 자신의 생각을 결재자에게 정확하게 전달해서 동의를 얻어 내는 것이다. 그렇기 때문에 과대포장은 결재자의 기대를 부풀리게 해서 오히려 역효과를 낼 수도 있다.

오해 4) 프레젠테이션은 보고서를 읽기만 해도 된다는 생각이다. 아니다. 보고자가 자료를 소리 내서 읽는 것보다 결재자가 눈으로 읽는 속도가 더 빠르다. 그렇기 때문에 보고자가 단순하게 자료를 읽으면, 결재자는 지루해서 보고 내용에 대한 관심이 흐려지게 된다.

오해 5) 프레젠테이션 능력은 타고나야 한다고 믿는 것이다. 아니다. 프레젠테이션 능력을 타고난 사람은 없다.

퇴직 후 지금까지 나는 청렴교육과 적극행정 전문 강사로 활동하고 있다. 강의에 관심을 갖게 된 시기는 정년퇴직이 1년 정도 남았을 때였다.

강의 경험이 전혀 없었던 나는 '내가 강의를 할 수 있을까?' 하는 의구심에 자신감이 없었다. 그래서 강의기법을 배울 방법을 찾던 중 대전시민대학에서 〈자기계발을 통한 강사기법 코칭〉 강좌가 있다는 것을 알았다. 공로연수가 시작되자, 나는 바로 〈강사기법 코칭〉 강좌를 수강 신청했다. 그때부터 강의기법을 익히기 위해 대전시민대학에서 분기별 10주 20시간 과정으로 개설하는 〈강사기법 코칭〉 강좌를 3년 동안 12회 반복해서 수강하고, 틈틈이 강의기법을 익힐 수 있는 여러 가지 책도 읽었다. 또한 건국대학교 미래지식교육원에서 개설한 〈명강사 양성과정〉과 한국강사협회에서 주관하는 〈명강사 육성과정〉도 이수했다.

이처럼 강의기법을 익히기 위해 많은 시간과 노력을 기울였지만 여전히 강의에 대한 자신감이 생기지 않았다.

고대하던 첫 번째 강의 요청을 받았을 때, 나는 강의안을 작성한 후 실제 강의를 하기 전까지 100회 이상의 강의시연을 했다. 그럼에도 불구하고 강단에 서자 숨이 막히고 떨리는 것을 감출 수 없었다. 그렇지만 많은 연습 효과 때문인지 크게 실수하지 않고 강의를 마칠 수 있었다. 수년 동안 강의 경험을 쌓았음에도 불구하고 지금도 강의를 하기 전에 많은 강의시연을 거쳐야 마음이 안정된다.

이처럼 프레젠테이션은 수많은 연습을 통해 실수를 최소화할 수 있다. 연습을 많이 할수록 더 잘할 수 있다. 프레젠테이션을 잘하려면 다음 여섯 가지를 유의해야 한다.

첫째, 우선 결재자의 말을 잘 들어야 한다. 프레젠테이션을 시작하기 전뿐만 아니라, 프레젠테이션 중간에도 결재자가 어떤 말을 하려고 하면 즉시 멈추고 결재자의 말을 우선 듣는 것이 좋다. 먼저 듣는다는 것은 결재자 의견을 존중하는 것이기도 하지만 무엇보다 말실수를 줄일 수 있다.

둘째, 자료를 읽지 말고 요점만 짧게 말한다. 결재자는 보고자보다 시간적 여유가 적다. 그렇기 때문에 보고자가 말을 길게 하면 결재자는 조급함으로 인해서 보고 내용에 대한 관심이 흐려질 수 있다.

셋째, 보고 이유와 근거를 명확히 제시한다. 결재자는 보고자보다 폭넓은 업무를 관장하기 때문에 각각의 단위 업무에 대한 구체적인 이해가 부족할 수 있다. 그렇기 때문에, 이유나 근거를 제시하면 보고 내용에 대한 신뢰도가 높아질 수 있다.

넷째, 적절한 예시를 드는 것이 효과적이다. 단위 업무에 대한 구체적인 이해가 부족한 결재자는 예시를 통해 보고 내용을 쉽게 이해할 수 있다.

다섯째, 결재자가 듣고 싶은 말을 먼저 한다. 결재자는 단위 업무에 대한 구체적인 이해보다 자신의 정책방향과 연관된 부분에 대한 관심이 많다. 그렇기 때문에 결재자의 관심사항에 관한 내용을 먼저 말하는 것이 좋다.

여섯째, 프레젠테이션을 입으로만 하지 말고, 눈과 표정 그리고 몸짓까지 사용하는 것이 효과적이다.

중간 결재의 의미

결재란 결정할 권한이 있는 상관이 부하가 제출한 안건을 검토하여 허가하거나 승인하는 행위로, 최종 결재권자가 부하직원이 제출한 안건을 확정하는 행위를 말한다.

그런데 결재는 실무자가 최종결재권자에게 직접 결재를 받는 것이 아니다. 팀장-과장-국장 등의 중간 결재과정을 거친 후에 비로소 최종 결재권자의 결재를 받게 된다.

그렇다면, 이 중간 결재과정은 무슨 과정일까?

초등학교에서 무상급식이 시행되기 전의 일이다.
당시 ○○구에서 관내 초등학교에 대해 급식비를 지원했었다. 대전시 관내 5개 구 중에서 최초의 사례였다.

구청장이 관내 초등학교에 급식비를 지원하겠다고 하자, ○○구 공무원들이 '급식비를 지원할 근거가 없기 때문에, 지원할 경우 상급기관의 감사에서 지적받을 수 있다'는 이유로 급식비 지원에 반대했다. 그러자 구청장이 급식비 지원계획 문서에 보조기관의 결재 없이 구청장 자신만 서명해서 추진했다는 말을 들었다.

이런 행위가 성립할 수 있었던 것은 중간 결재과정은 승인과정이 아니기 때문이다. 만약 중간 결재과정이 승인과정이라면 구청장만 서명한 문서는 효력이 없다. 이 사례에서 알 수 있듯이 최종 결재권자 이외의 중간 결재과정은 결재안에 대한 보조기관의 합의과정인 것이다. 그런데, 이런 중간 결재과정에 협조부서의 반대로 사업추진이 곤란한 경우도 있다.

학생수용업무를 담당하던 때의 일이다.
당시 학생 수 감소에 따른 유휴교실 문제가 전국적인 이슈였다. 그렇기 때문에 교육부에서는 학교신설을 억제하고 소규모 학교 통폐합을 적극 추진했었다.
그때 나는 ○○동에 있던 ◇◇초 폐교를 생각했다. 당시 ◇◇초에는 10학급에 216명이 재학하고 있어서 통폐합 검토대상(학생수 100명 이하)이 아니었다.
그런데 당시 ◇◇초 통학구역의 인접지역에 공동주택이 개발되고 있었다. 그 아파트 입주가 시작되면 주택지역에 위치한 ◇◇초의 학생 수가 급격히 감소해서 불과 2~3년 이내에 통폐합 대상학교가 될 것으로 예상됐다.

통상적인 방법으로 ◇◇초의 학생 수가 감소해서 통폐합 대상학교가 된 후에 폐교를 추진하면 지역 공동화 현상에 대한 거부감으로 학부모를 비롯한 지역사회의 반대가 매우 클 것으로 예상됐고, 무엇보다도 교육청 내부에서도 정원 감축을 이유로 협조부서의 반대가 클 것으로 예상됐다.

그렇지만 ◇◇초 재학생 중에서 인접지역에 신축하고 있는 아파트에 입주해서 인근 학교로 전학할 예정인 학생의 부모들은 ◇◇초 폐교를 반대하지 않을 것이기 때문에, 조기에 폐교를 추진하면 지역사회의 반대를 최소화할 수 있다고 판단했다.

문제는 교육청 내부에서 발생하는 협조부서의 반대를 최소화하는 방법이었다.

고민 끝에 서류 결재를 받기 전에 교육감님의 구두결재를 받아서 하향식 사업으로 추진하는 것이 효율적이라고 판단했다. 사전에 교육감님의 동의를 받은 계획은 협조부서에서 강하게 반대할 수 없기 때문이다.

그래서 ◇◇초 폐교계획을 수립하기 전에 ◇◇초를 폐교해야 하는 필요성과 추진 절차와 방향 그리고 협조부서의 우려사항에 대한 해소방안까지 교육감님께 말씀드리고 동의를 받았다.

그 후, 예상대로 ◇◇초 통폐합계획은 협조부서의 반대 없이 순조롭게 추진할 수 있었다.

물론 이 방법이 최선이라고는 말할 수 없다. 그렇지만 무슨 일이던 반대의견이 표출된 후에는 그 반대를 무마하는 것이 쉽지 않다. 또한 외부의 반대보다 내부에서 반대하는 경우가 훨씬 추진하기 어렵다. 그렇기 때문에 협조부서의 양보가 반드시 필요한데 강하게 반대할 것이 예상되는 경우에만 제한적으로 활용하는 것이 좋다.

04
수평적 소통

　수평적 소통은 윗사람과 아랫사람 또는 상급자와 하급자의 소통이 아니라 대등한 관계에서 서로 의견을 주고받는 것으로 조직 내에서는 직급과 상관없이 선배나 후배 동료들과 나누는 업무에 관한 각종 협의회가 해당되고, 대외적으로 민원인과의 대화가 해당된다.

조직 내 수평적 소통

　앞에서 살펴본 것처럼, 모든 공직자들이 공직에 입문한 가장 현실적인 목적은 일을 해서 보수를 받기 위한 것이다.

　공직자와 기관의 관계를 1차적 관계라고 하면, 동료와의 관계는 그 1차적 관계가 유지되는 것을 조건으로 만들어진 2차적인 관계이다. 이 관계를 명확하게 인식하는 것이 행복한 공직 생활을 위해 매우 중요하다.

　동료란, 공통의 목적을 갖고 맺어진 관계로 넓게는 기관장을 포함한 조직 구성원 모두를 의미한다. 동료와의 소통에서 대표적인 것은 각종 회의이다.

  요즘에는 비대면 회의도 많이 활성화되고 있지만, 회의를 하는 근본 목적은 회의 형식과는 상관없이 자신의 생각과 다른 다양한 의견을 듣기 위한 것이다. 그런데 회의장에서 서로 자신만 옳다고 주장하며 말다툼하는 모습을 종종 볼 수 있다. 회의란, 나와 다른 의견을 충분히 듣고 내 의견이 객관적인지 타당한지를 비교한 다음, 공통점을 찾으려고 노력하는 과정이다.

  공자는 《논어》에서, 대화할 때 세 가지를 경계해야 한다고 했다.

  첫 번째, 자기 차례가 되지 않았는데 상대방의 말을 가로막고 말을 하는 것을 경계하라고 했다. 상대방의 말을 가로막고 말을 하는 사람은 상대방의 말이 듣기 싫거나, 자기가 하고 싶은 말을 상대방이 다 하면 자기는 말할 기회가 없을 것 같아서 초조한 사람이다. 이런 경우, 말을 가로막힌 그 상대방은 불쾌하게 생각하게 된다. 그뿐만 아니라 상대방의 말을 가로막고 급하게 말을 하다 보면 자칫 말실수를 할 수도 있다. 그렇기 때문에, 자기가 말할 기회가 적어진다고 하더라도 상대방이 충분히 말을 할 수 있도록 오히려 도와주는 것이 좋다. 이처럼 상대방을 도와주면 상대방의 말을 가로막다가 발생할 수 있는 불쾌감이나 말실수를 예방할 수 있을 뿐만 아니라, 상대방의 사기를 높여 주는 효과도 있어서 상대방으로부터 신뢰를 얻을 수도 있다.

두 번째, 자기가 말을 해야 할 때 침묵하는 것을 경계하라고 했다. 우리 속담에 '곰보다 여우가 낫다'는 말이 있다. 말을 해야 할 때가 되었는데 말을 하지 않으면, 상대방은 내가 무슨 생각을 하는지 알 수 없어서 답답하게 된다. 그뿐만 아니라 자기 의견을 무시하거나 반대하는 것으로 오해할 수도 있다. 그렇기 때문에 자기가 말을 해야 할 때는 자신의 생각을 명확하게 표현해야 한다.

세 번째, 상대방의 표정도 살피지 않고 혼자서 말하는 것을 경계하라고 했다. 상대방의 표정도 살피지 않고 혼자서 말을 하면, 그 상대방은 자신을 무시하는 것으로 오해할 수 있다. 또한 대화의 내면을 이해하지 못해서 말실수를 할 수도 있다. 그렇기 때문에 상대방의 표정을 살피면서 그 상황에 맞는 말을 해야 한다.

이 대화의 삼계는 상대방을 배려하는 마음을 기본으로 하는 것으로 모든 소통에서 지켜야 할 기본적인 대화법이라고 할 수 있다.

민원인과의 소통

민원은 그 내용에 따라 청원성 민원, 항의성 민원 그리고 압력성 민원으로 구분할 수 있다.

그렇지만 단순한 청원성 민원인 경우에도 민원인의 요구가 수용되지 않으면 불만이 생겨서 압력성 민원으로 바뀌는 경우가 많다. 그렇기 때문에 모든 민원은 압력성 민원으로 간주하고 소통하는 것이 합리적이다.

민원인과의 소통에서 가장 중요한 것은 이해관계자를 파악하는 것이다. 이해관계자에는 직접적인 이해관계자도 있고 간접적인 이해관계자도 있다. 또한, 민원인들의 입장이 무엇인지 그 민원환경을 분석해야 한다. 경우에 따라서는 겉으로 드러난 입장보다 개인 이기주의에 따른 내면적 입장이 그 민원의 핵심일 수도 있다.

그렇기 때문에 민원인에게 기관의 입장을 설명하기 전에 먼저 이해관계자를 파악하고, 그 민원환경을 분석한 후에 소통전략을 수립하는 것이 효율적이다.

앞에서 사례로 제시했던 ◇◇초 폐교와 관련된 이해관계자에는 내부적으로는 교육감님과 담당부서 그리고 협조부서와 ◇◇초의 교직원들이 있고, 외부적으로는 학부모와 지역주민 그리고 자치단체와 지역 정치인들이 있다.

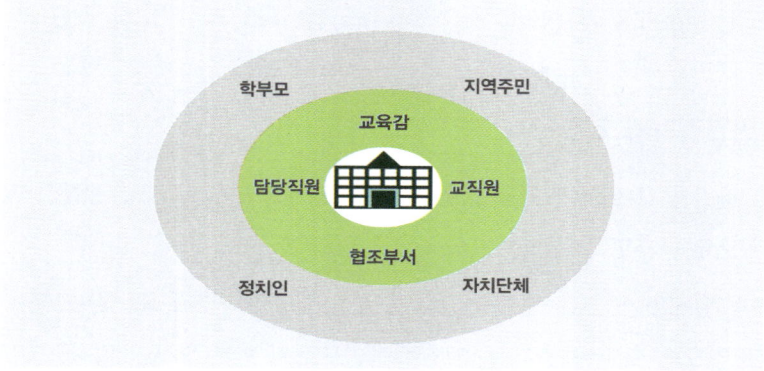

이해관계자의 관심사항을 살펴보면, 교육감님은 민원이 발생하는 것을 가장 우려한다. 그리고 일반적으로 2~3년을 주기로 근무부서가 바뀌는 담당부서의 직원들은 자신이 하지 않아도 될 2~3년 후에 검토할 일이라는 생각에서 업무 부담을 이유로 업무추진을 회피할 것으로 예상됐고, 협조부서에서는 폐교로 인한 정원 감축에 민감하기 때문에 ◇◇초 통폐합계획을 반대할 것으로 예상됐으며, ◇◇초 교직원들은 소규모 학교 근무에 따른 기득권 상실을 우려할 것으로 예상됐다.

그리고 학부모들은 학습 환경의 급격한 변화로 예상되는 학습력 저하를 우려하게 되고, 지역 주민들은 폐교로 인한 주택가격 하락을 우려하며, 자치단체에서는 지역사회의 발전에 미치는 영향에 관심이 있고, 지역 정치인은 주민들의 표심을 얻을 수 있는 방향으로 반응하기 때문에 전반적으로 폐교에 부정적이었다.

그런데 교육감님이 우려하는 민원발생 여부에 관해서는 폐교 여부를 학부모들이 결정하는 방식으로 추진하면 해소될 수 있고, 담당부서와 협조부서 그리고 보덕초 교직원들의 우려사항은 교육감님의 결정으로 해소할 수 있는 문제였다. 그렇기 때문에 내부에서 예상되는 우려사항은 ◇◇초 폐교계획을 수립하기 전에 교육감님의 사전 구두 결재를 받아서 하향식 사업으로 추진하면 해소할 수 있을 것으로 판단했다.

그래서 ◇◇초 폐교계획을 수립하기 전에 ◇◇초 폐교를 위한 추진절차와 방향 등에 대해 교육감님께 구두 보고하고, 협조부서와 ◇◇초 교직원들의 우려사항에 대한 해소방안까지 말씀드리고 동의를 받은 다음, ◇◇초 폐교계획을 수립해서 협조부서의 반대 없이 결재를 받았다.

초등학교의 특성상 학생이나 학부모는 교사의 의견에 동조하는 경향이 많다. 또한 정치인은 유권자인 다수의 학부모 의견에 동조하는 경향이 많기 때문에 외부의 우려사항을 해소하기 위해서는 ◇◇초 교사들이 반대하지 않도록 하는 것이 가장 중요하다고 판단했다. 물론 교사의 입장에서 학생이나 학부모들에게 학교를 폐교하는 것에 적극 찬성하는 것으로 보이는 것도 바람직하지는 않다. 그렇기 때문에 교사들은 학교를 폐교하는 것에 대해 중립적인 입장을 취하도록 했다.

◇◇초 폐교를 위한 기본계획을 수립한 후, 학부모 대표들의 의견을 수렴하기 위해 교장실에서 협의회를 개최했을 때였다. 학부모 대표들에게 학교를 폐교해야 하는 필요성에 대해서 설명하니까, 왜 폐교하느냐면서 반대하는 학부모가 많았다.

한참 설명하고 있는데 갑자기 교장실 전화벨이 울렸다. 그래서 회의를 중단하고 교장선생님이 전화를 받았는데, 모 교육위원의 전화였다. 그 교육위원이 어떻게 알았는지 폐교에 반대하라고 한다고 했다.

나는 전화를 넘겨 달라고 했다. 내가 전화를 넘겨받자, 그 교육위원은 다짜고짜 ◇◇초를 폐교하면 안 된다면서 나를 윽박지르기 시작했다. 그래서 "공직자가 정당한 행정업무를 추진하는데, 왜 간섭하십니까? 행정이 잘못된 부분이 있다면 의회에서 말씀하세요."라고 단호하게 말을 하고 전화를 끊었다.

통화가 끝나자 학부모 대표들의 분위기가 조금 바뀌었다. 전화를 받기 전에는 반대하는 분위기가 우세했었는데, 전화를 끊고 나자 '폐교를 반대하는 학부모들이 많을 텐데 어떻게 하겠느냐'면서 유보적인 반응을 보였다. 그래서 폐교 여부에 대한 결정은 전체 학부모들의 의견에 따를 것이라고 했다. 교육위원에게 당당하게 주장한 것이 도움을 준 것 같았다.

학부모들의 조직적인 반대는 Online을 통해서 시작됐다. Online으로 ◇◇초 폐교를 반대하는 학부모 서명운동이 시작된 것이다.

그러자 과장님을 비롯한 많은 동료들이 걱정하면서 상황을 좀 지켜보자고 했다. 그렇지만 나는 서명운동이 시작된 첫날, 그 서명운동을 주도하는 대표자 학부모를 만났다. 그 학부모로부터 반대하는 이유에 대해서 충분히 들었는데, 그 학부모의 주장에도 타당한 부분이 많았다. 다만, 교육에 관한 폭넓은 이해가 조금 부족하고 일부 오해하고 있는 부분도 있었다.

그래서 나는 학부모의 입장에 공감을 표하고, 일부 의견에 대해서는 같은 생각이라고 말했다. 그리고 오해하고 있는 부분에 대해 설명한 다음, ◇◇초를 폐교하는 것이 교육 목적에서 바람직하며 폐교 여부는 전적으로 학부모들의 의견에 따를 것이라고 설명했다.

그 학부모와 2시간이 넘게 대화하고 헤어졌는데, 그날 밤 Online 반대 서명운동이 삭제됐다. 그분만 아니라 반대 서명운동을 주도했던 그 학부모가 그날 이후 반대하는 학부모들의 동향을 알려 주기도 했다.

그렇게 해서 ◇◇초 폐교안건이 시의회를 통과할 때까지 공식적으로 폐교를 반대하는 민원은 한 건도 발생하지 않았다.

이처럼 민원인과의 소통은 역지사지하는 마음으로 공감하며 수평적으로 소통해야 효과가 좋다.

사람은 누구나 얼굴에 한두 번씩 부스럼이 난 경험이 있다. 부스럼이 생겼을 때 잘못 만지면 곪게 되고, 한번 곪으면 반드시 고름을 짜내야 치료가 된다. 그렇기 때문에 초기에 곪지 않도록 잘 다스리는 것이 중요하다. 민원도 마찬가지다. 의욕을 앞세워 급하게 대화하려고 하면 걷잡을 수 없이 확대될 수도 있다. 민원인과의 소통에서 무엇보다 중요한 것이 초기대응이다. 민원인과의 소통에서 지켜야 할 기본원칙은 그 민원내용과 상관없이 상대방을 배려하고 공감하려는 수평적 소통을 해야 한다.

　　학교에서 근무하던 때의 일이다.
　　당시 그 학교에서는 한 달에 서너 번씩 쉬는 시간에 소화전 비상벨이 울리곤 했다. 물론 학생들이 장난으로 발신기를 누른 것이다.
　　소화전 비상벨 소리는 보통 시끄러운 것이 아니기 때문에 비상벨 소리가 나면 즉시 뛰어가서 복구시켜야 한다. 나는 어떻게 하면 학생들이 이런 장난을 하지 않게 할 수 있을까? 하는 고민을 했다.
　　처음에는 소화전 발신기에 '장난 금지'라고 글을 써서 붙여 놓는 것을 생각했는데, 그렇게 하면 일시적으로는 효과를 볼 수 있을지 모르지만 오래가지는 않을 것 같았다. 그러다가 문득, 이솝 우화에 나오는 '양치는 소년'이 생각났다. 그래서 발신기에 '양치는 소년'이란 문구를 적어 붙였다.
　　놀랍게도 그 후 내가 인사발령으로 그 학교를 떠날 때까지 소화전 비상벨 소리를 듣지 못했다.

이처럼 민원인과의 소통은 역지사지하는 마음으로 상대방이 이해하기 쉽고 배려하는 방법으로 해야 효과가 좋다. 물론 민원인에게 항상 양보를 구하는 것처럼 소극적으로 소통하라는 것은 아니다.

  학교에서 근무하던 때의 일이다.
  어느 날 급식실에서 점심 식사를 하고 있는데, 조리원이 찾아와서 구부러진 숟가락 한 개를 보여 줬다. 그 숟가락은 앞부분을 중심으로 두 번 구부려서 마치 클립처럼 둥글게 감아 놓은 모습이었다. 그러면서 이렇게 구부러진 숟가락이 하루에 몇 개씩 나온다고 했다.
  심하게 구부러진 숟가락을 손으로 반듯하게 펴 보았는데 아무리 잘 펴려고 해도 원상태로 회복되지 않았다.
  조리원은 "망치로 펴 보았는데 반듯하기는 해도 망치 자국이 생겨서 사용할 수 없어요."라고 했다.
  나는 구부러진 숟가락을 들고, 어떻게 해야 학생들이 숟가락을 구부리는 장난을 하지 않게 할 수 있을까? 하고 고민했다. 고민 끝에 조리원에게 구부러진 숟가락을 펴지 말고 그대로 바구니에 담아서 배식대 가운데에 놓으라고 했다.

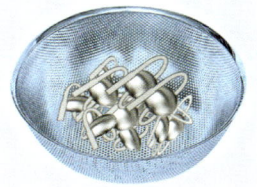

그리고 큰 글씨로 '수저 개인지참 여부에 관한 의견수렴 바구니'라고 적은 글귀를 바구니 위에 붙여 놓았다.

그로부터 1주일 정도 지나자 구부러진 숟가락이 바구니에 10개 정도 쌓이더니 더 이상 쌓이지 않았다.

이처럼 민원인과의 소통에서도 상황에 따라 의사표현을 강하고 분명하게 제시해야 효과적인 경우도 있다.

05
소통 마인드

영화 〈황산벌〉에서 나오는 대사의 일부이다.

(계백장군 막사에서)

계백장군: 거시기 《손자병법》에는 말이여,
지키는 쪽 군사가 10분지 1만 돼야도 이길 수 있다고 혔어.
저짝 5만, 이짝 5천. 5만 대 5천, 간단한 산수 아녀?
우리는 명색이 결사대여!
아, 결사대가 일당십도 못 혀?!
아그들에게 단단히 일러라.
죽기 전에 신라 놈들 열 놈 죽였는가 나한테 확인받고 뒤지라고!
알겄능가!

장수 일동: 야!

계백장군: 할당량 못 채우고 뒤진 놈은 나가 아주 팍 죽여 버릴겨 그냥…

(이때, 장수 한 명이 작은 목소리로 '야' 하고 대답하자 계백장군이 잠시 쳐다본다.)

계백장군: 아! 글고, 나가 출정 전에 갑옷에 대해서 거시기한 거 까먹지들 말고 병사들에게 다시 한 번 거시기 잘허라고 단단히들 일러!
장수 일동: 야!
계백장군: 그러니께~ 이번 여그 황산벌 전투에서 우리으 전략 전술적인 거시기는 한마디로,
뭐시기 헐 때 꺼정 갑옷을 거시기 한다! 바로 요거여. 알겠제?
장수 일동: 야아….

(이때, 백제군 병사로 위장한 신라군 첩자가 막사 밖에서 계백장군의 대화 내용을 모두 엿듣고 있었다.)

(계백장군의 대화 내용을 모두 엿들은 신라군 첩자가 신라군 진영으로 돌아가서 상황을 보고한다.)

신라 장수1: 그래, 뭐 좀 건진나?
신라 첩자: 계백이가 하는 말, 싸그리다 들었습니다.
신라 장수2: 뭐라 카드노?
신라 첩자: 계백이가 "나가 출정 전에 갑옷에 대해서 거시기한 거 까먹지들 말고 병사들에게 다시 한번 거시기 잘허라고 단단히들 일러." 그랬습니다.

신라 장수3: 뭐라 카노. 문둥이 자식 저거,
 뭐 작전에 대해서 뭐라 카는 말은 읍드나?
신라 첩자: 그것도 들었습니다.
 계백이가 "그러니께 이번 여그 황산벌 전투에서
 우리으 전략 전술적인 거시기는 한마디로,
 머시기 헐 때 꺼정 갑옷을 거시기한다." 그랬습니다.
신라 장군: 시방 도대체 뭐꼬,
 거시기 머시기, 머시기 거시기.

 이 대사에서 백제군의 장수들은 계백장군의 말을 알아들은 것 같다. 그런데 첩자로부터 전해들은 신라군의 장수들은 계백장군이 말한 황산벌 전투의 전략 전술이 무엇인지 전혀 알아듣지 못하고 있다.
 그 이유는 백제군 장수들은 당시 상황에 대한 계백장군의 마음을 공감하고 있었기 때문에 알아들은 것이고, 신라군 장수들은 계백장군의 마음을 이해하려 하지 않고, 그 말의 내용에 초점을 두었기 때문에 알아듣지 못한 것이다.

 지금까지 살펴본 소통 방법을 토대로 공직자가 원활한 소통을 위해 갖추어야 할 마음가짐을 세 가지로 정리할 수 있다.
 하나는 상대방의 말을 경청하는 것이고, 그다음은 상대방을 배려하고 공감하는 것이다. 그뿐만 아니라 공직자는 공익을 추구하기 때문에 항상 당당하게 소통해야 한다.

경청

지난 2000년에 방영되었던 KBS드라마 〈태조 왕건〉에서 후고구려를 세운 궁예가 관심법으로 악행을 저지르는 장면이 나온다.

궁예는 부인 강씨가 악행을 자제하라고 충언을 하자, 거꾸로 부인을 간통했다고 모함해서 불에 달군 쇠몽둥이로 급소를 지져서 죽였다.

수많은 중신들을 관심법으로 죽인 궁예는, 왕건에게도 반역을 모의했다며 "관심법으로 이를 말하겠다."라면서 윽박지르는 장면이 나온다.

그때 왕건의 옆에 있던 책사 최응이 귓속말로 "불복하면 위태롭습니다."라고 알려 주었다.

그러자 이를 알아챈 왕건이 궁예 앞에 무릎을 꿇고, "폐하! 신이 죽을죄를 지었나이다. 용서하여 주시옵소서."라면서 사죄했다.

관심법으로 죽임을 당한 수많은 중신들은 모두 궁예의 관심법에 불복했었다. 그런데 왕건이 처음으로 관심법을 인정한 것이었다. 그렇게 해서 왕건은 극적으로 죽음의 위기에서 벗어날 수 있었다.

이 사례에서 책사 최응이 궁예의 말을 들은 것처럼 왕의 말을 들을 때, 신하는 왕이 왜 그런 말을 하는지 그 배경과 심리상태까지 바르게 이해해야 한다. 자칫하면 목숨이 위태로울 수 있다.

'경청(傾聽)'에서 '청(聽)' 자를 파자하면 이(耳)·왕(王)·직(直)·심(心)이 된다.

그러니까 청이란 '왕(王)의 마음(心)까지 바르게(直) 듣는(耳) 것'을 의미한다. 여기서 '왕의 마음까지 바르게 듣는 것'이란 왕의 말에 무조건 동의하라는 것이 아니라, 왕이 어떤 마음으로 그런 말을 하는 것인지 공감하면서 들으라는 것이다.

배려와 공감

'이청득심(以聽得心)'이란 말이 있다. 귀를 기울여 듣는 일이 사람의 마음을 얻는 최고의 지혜라는 의미이다.

> 철강왕 앤드류 카네기의 일화이다.
> 카네기는 어떤 모임에서 우연히 옆에 앉은 한 탐험가의 이야기를 듣게 되었다. 그 탐험가는 탐험에 관한 이야기를 했는데, 카네기는 탐험에 관해서 아는 것이 거의 없었다.
> 그래서 카네기는 대화 도중에 자신의 의견은 단 한 마디도 제시하지 않고, 무려 2시간 동안 탐험가의 이야기를 진지하게 들으면서 동의하는 말이나 묻는 말에 긍정하는 대답만 했다.
> 그런데 이야기를 마친 탐험가는 자리에서 일어나면서 카네기에게 "선생님의 탐험에 대한 탁월한 식견과 지혜에 경의를 표합니다."라고 인사를 하고 헤어졌다고 한다.

경청의 기본은 바로 상대방을 배려하고 공감하는 것이다. 그런데 우리는 이것을 잘 알면서도 자기중심적인 행동을 하는 경우가 많다.

요즈음 가수들이 열창하는 음악프로가 많다. 그런데 단순히 노래만 하는 것이 아니라 퍼포먼스가 대단해서 노래를 집중해서 듣기 어려울 때도 있다. 그렇기 때문에 나는 노래를 집중해서 듣기 위해 눈을 감는 경우가 종종 있다.

이처럼 어떤 이야기를 집중해서 듣고 싶을 때는 침묵을 하고 팔짱을 끼거나 눈을 감기도 했다. 또한 내 생각과 다른 부분이 있는 경우에는 상대방의 말에 부정적인 질문을 했고, 상대방이 무슨 이야기를 하려는지 예상되는 경우에는 이야기에 집중하지 않는 경우도 있었다.

이런 자세나 질문 방법은 모두 이야기하는 사람의 입장에서는 자신의 이야기를 듣기 싫어하는 것으로 오해하게 된다. 이처럼 소통을 저해하는 요인에는 상대방이 이야기할 때 팔짱을 끼거나 눈을 감고 듣는 것, 또는 침묵을 하거나 상대방의 이야기 내용을 예상하는 것 그리고 상대방의 의견에 부정적인 질문을 하는 것 등이 있다.

이런 오해를 받지 않으려면 자신이 경청하고 있다는 것을 가끔씩 상대방에게 알려 주어야 한다.

상대방에게 자신이 경청하고 있다는 것을 알려 주는 방법은 그 이야기에 반응하는 것이다. 반응하는 방법에는 단순히 고개를 끄덕이는 것도 있지만, 보다 적극적으로 맞장구를 치는 것이 좋다.

국악한마당에 가면 '얼쑤, 좋~다, 잘한다~' 이런 말을 들을 수 있다. 바로 추임새다. 이 추임새는 소리꾼에게 장단을 맞춰 주어 흥을 북돋아 주는 역할을 한다. 추임새를 잘하는 사람은 소리의 장단을 알고 흥을 느낄 줄 아는 사람이다. 이 추임새가 바로 공감적 반응이다.

이처럼 상대방의 입장에서 이야기를 공감하며 들었으면, 그 이야기에 대한 자신의 느낌을 말해 주는 것이 소통의 기본 예의이다.

그리고 질문할 필요가 있을 때는 그 상대방의 입장을 공감하고 배려하는 질문을 하고, 질문에 답변을 할 때도 질문자의 입장을 공감하고 배려하는 답변을 해야 한다. 상대방을 배려하지 않고 일방적으로 옳고 그름을 가리려는 대화는 올바른 소통이 아니다.

소통이란, 서로의 다름을 인정하고 공통점을 찾으려고 노력하는 것을 말한다. 만약 어떤 이야기를 듣고 그 사람의 감정까지 담아서 다른 사람에게 그 이야기를 전달할 수 있다면 경청했다고 할 수 있다.

지난 2016년 tvN에서 〈바벨 250〉이란 예능프로그램을 방영했었다. 말이 통하지 않는 사람들이 같은 공간에 산다면 소통을 어떻게 할까 하는 의문에서 시작된 프로젝트로, 우리나라의 키다리 배우 이기우를 중심으로 태국, 러시아, 브라질, 베네수엘라, 프랑스, 중국에서 모인 7명의 청춘남녀들이 90일 동안 공동생활을 하는 것이다.

아침에 눈을 뜨면 잘 때까지 말이 통하는 것은 하나도 없고, 문화나 식성, 취향이나 성향도 서로 다른 이들에게 자신의 모국어만 사용해야 한다는 조건이 붙어 있으며, 모두가 이해할 수 있는 공통어를 만들라는 과제가 주어졌다.

그런데 놀랍게도 7명의 청춘 남녀들은 90일 동안 공동생활을 하면서 소통하기 위해 언어, 인종, 문화를 뛰어넘어 서로의 마음을 열고 175개의 글로벌 공통어를 제작했다. 만약, 이들이 90일이 아니라

2~3년 동안 공동생활을 했다면 새로운 언어를 만들었을지도 모른다.
프로젝트를 마치면서, 〈바벨 250〉을 이끌었던 배우 이기우는 "말이 통해야 마음이 통할 줄 알았는데, 마음이 통해야 말이 통한다는 것을 깨달았다."라고 소감을 밝혔다.

이처럼 마음이 통해야 말이 통한다는 말이 바로 소통의 핵심이다.

당당하자

당당하게 소통하기 위해서는 세 가지를 명심해야 한다.

첫째, 소통의 목적을 항상 공익추구에 두어야 한다. 공직자가 하는 모든 일은 법과 원칙에 의거 합리적으로 공익을 추구하는 것이다.

공직자의 소통은 공익을 추구하는 행정 목적을 달성하기 위한 수단이다. 그렇기 때문에 공직자는 모든 소통을 당당하게 할 수 있다.

그런데 당당하게 소통하는 것이 자칫하면 거만하게 보일 수도 있다. 그렇기 때문에 대화의 상대방이 누구이건 대화 내용이 무엇이건 상관없이 평등한 마음과 평등한 자세로 소통해야 한다. 그뿐만 아니라 민원이 소속기관의 과실을 원인으로 발생한 경우에도 소속기관의 과실을 명확하게 밝힌 다음, 공익을 목적으로 당당하게 소통해야 한다.

둘째, 담당 업무에 관한 전문가가 되어야 한다. 무슨 일이든 전문가는 신뢰받을 수 있다. 공직자가 민원인으로부터 신뢰받기 위해서는 민원인의 요구사항에 대한 업무의 특성과 한계에 대해 민원인에게 자세히 설명할 수 있어야 한다.

일반적으로 민원인은 공직자가 담당하는 업무의 특성에 대해 정확하게 알지 못한다. 따라서 민원인은 공직자와 소통하는 과정에 자신의 요구사항이 타당하고 적정한지를 학습하는 경우가 많다. 그렇기 때문에 공직자는 민원인의 궁금증을 충분히 풀어 줄 수 있도록 담당 업무에 대한 전문지식을 갖추고 있어야 한다.

셋째, 민원인을 역지사지하며 공감해야 한다. 공직자가 하는 일은 자신이나 기관의 이익을 목적으로 하는 것이 아니다. 그것을 알고 있는 민원인은 공직자가 자신의 입장을 이해해 줄 것을 기대한다. 그렇기 때문에 공직자가 역지사지의 관점에서 민원인의 요구사항을 충분히 공감해 주면, 부정적인 감정을 갖고 있던 민원인도 공직자를 신뢰하게 된다.

민원인과 공직자 사이에 신뢰감이 생겼을 때, 공직자가 공익을 추구하는 방향을 제시하면 민원인은 공직자의 의견에 동의하게 될 것이다.

5장
팀장의 자질과 역할

01 팀의 특성
02 팀장의 자질
03 팀장의 역할
04 팀장의 마인드

공공기관에서는 '○○담당' 또는 '○○계장'을 팀장이라고 부른다. 팀장이란 '같은 일에 종사하는 한 팀의 책임자'이다.

비슷한 의미로 '리더'란 말이 있다. 리더란 '조직이나 단체에서 전체를 이끌어 가는 위치에 있는 사람'이다. 그렇기 때문에 이끄는 대상이나 내용에 따라 '전략적 리더'와 '전술적 리더'로 구분할 수 있다. 공공기관에서 전략적 리더란 기관장을 말하는 것이고, 전술적 리더는 기관의 설치 목적을 달성하기 위해 맡은 일을 자기 책임으로 실행하는 팀장이라고 볼 수 있다.

01
팀의 특성

공직자는 교사를 비롯한 일부 특정직을 제외하면 일반적으로 직급을 9급에서부터 1급까지로 구분하고 있다. 각각의 직급에는 직명이 있는데, 그 직명을 보면 직급에 따른 업무의 특성을 알 수 있다.

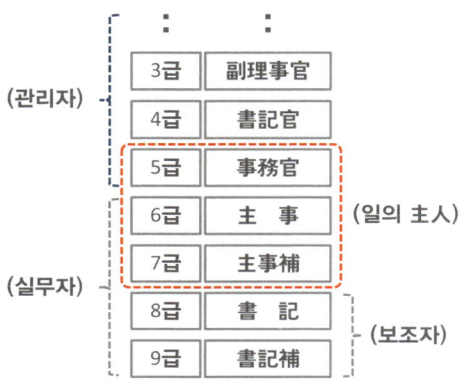

직명에 벼슬 관(官) 자가 붙은 5급 이상의 직급을 관리자라고 하고, 관(官) 자가 붙지 않은 6급 이하의 직급을 실무자라고 한다.

또한 직명에 일 사(事) 자가 붙어 있는 직급이 있는데 7급 주사보와

6급 주사 그리고 5급 사무관이다. 그런데 7급과 6급에는 주인 주(主) 자를 사용해서 '사무를 주장하는 사람' 그러니까 맡은 일을 책임지고 이끌어 가는 주인이라고 할 수 있고, 5급은 사무(事務)에 관(官) 자를 사용해서 맡은 직무와 관련된 문제를 행정적으로 처리하고 정리하는 책임자라고 할 수 있다. 그렇기 때문에 일의 주인인 7급부터 5급까지는 팀장의 역할을 할 수 있다.

일반적으로 '팀'을 'TF팀'과 혼용하는 경우가 종종 있다. 팀이란 '같은 일에 종사하는 한 동아리의 사람'이고, 군사조직에서 비롯된 TF팀이란 Task Force의 약자로, '어떤 과제를 성취하기 위해 필요한 전문가들로 구성되어, 기한이 정해진 임시조직'이다. 그러니까 새롭게 발생한 특정 사건이나 사고 등을 처리하기 위해 한시적으로 조직하는 전담팀인 것이다.

군사조직에서 TF팀은 작전에 투입되면 모든 권한이 팀장에게 주어지고, 본대의 부대장을 비롯한 상관들은 아무런 간섭을 할 수 없다. 그뿐만 아니라 주어진 목표를 달성하면 바로 팀이 해체된다.

그런데 공공기관에서 운영하는 팀은 기관의 설치 목적을 달성하기 위해 현장에서 움직이는 최하위 조직으로 업무추진에 관하여 결재권자의 지도·감독을 받는다. 또한 하나의 특정업무만 담당하는 것이 아니라 기관의 설치 목적을 달성하기 위해 특정분야의 업무를 지속적으로 추진하기 때문에 단위 업무가 종료되어도 해체되지 않고 새로운 관련 업무를 계속 추진한다. 그뿐만 아니라 공공기관의 팀은 현장 상황을 가장 먼저 알 수 있기 때문에 기관의 향후 사업계획을 구상하는 입안기관 역할도 한다.

그렇기 때문에 팀장은 사업을 추진하는 '전술적 리더'이면서, 사업계획을 입안하는 '전략적 리더'의 역할도 수행할 수 있어야 한다.

과거에는 팀장을 계장이라고 했었다. 계장은 직속상관의 지휘를 받는 계선조직의 최하층에 있는 책임자이다. 그런 '계장'을 '담당'으로 바꾸면서 팀장이라고 호칭하는 이유는, 바로 TF팀의 팀장과 같이 담당 업무에 대한 책임을 강화하기 위한 것으로 이해할 수 있다. 그렇기 때문에 책임의식을 강화하려는 도입 취지에 맞게 팀장은 담당 업무에 대한 최종 책임자란 마인드로 팀을 이끌어야 한다. 그러면, 팀을 효율적으로 움직이는 원동력은 무엇이고, 팀장에는 어떤 유형이 있는지 살펴보자.

팀의 원동력

팀을 효율적으로 움직이게 하는 원동력은 팀원들의 화합에서 나온다. 팀원들이 서로 화합할 때 목표를 공감하고, 동기화할 수 있기 때문에 높은 업무성과를 거둘 수 있는 것이다.

지난 2018년 평창에서 개최된 동계올림픽에 출전한 여자선수들 중에 컬링 대표팀과 스피드스케이팅 팀추월 경기팀이 국민들로부터 많은 주목을 받았었다. 그런데 주목을 받은 이유는 크게 달랐다.

여자컬링 대표팀은 경기마다 동료와 서로 소통하며, 동료가 실수한 경우에도 서로 격려하고 보완해 주는 탁월한 팀워크와 동료애로 국민들의 많은 사랑을 받았다. '영미야- 영미, 영미-'라며 영미를 애타게 부르던 소리가 지금도 귓가에 들리는 듯하다.

  반면에 여자 스피드스케이팅 팀추월 경기팀은 팀워크를 살리지 못해 예선에서 탈락했다. 3명을 한 팀으로 하는 팀추월 경기는 3명 중 맨 뒤에서 골인하는 선수의 기록을 팀의 기록으로 한다. 그렇기 때문에 뒤에서 달리는 선수는 앞에서 달리는 선수를 잘 따르고, 앞에서 달리는 선수는 뒤에서 달리는 선수가 잘 달릴 수 있도록 공기 저항을 막아 주면서 자신을 잘 따라오는지를 살피면서 서서히 속도를 올려야 한다. 그런데 맨 뒤에서 달리는 선수가 앞에서 달리는 선수보다 많이 뒤처졌음에도 불구하고, 앞에서 달리던 두 선수가 뒤에서 달리는 선수를 이끌려 하지 않고 속도를 올려서 골인 지점에 먼저 도착하는 상식적으로 납득할 수 없는 레이스를 해서 경기의 결과보다 팀원 간의 불화에 대해 체육계뿐만 아니라 국민들을 분노하게 했다.

  팀은 팀원의 화합을 바탕으로 할 때 가장 좋은 성과를 거둘 수 있다. 그렇기 때문에 팀장은 팀원들이 서로 화합해서 최대의 능력을 발휘할 수 있도록 환경을 조성하고 팀원을 북돋아 주어야 한다.

팀장의 유형

  팀장의 유형은 크게 팀원들 앞에서 "나를 따르라!" 하고 외치는 선봉장형과 팀원들 뒤에서 독촉만 하는 마부형, 그리고 팀원들에게 "자, 갑시다!" 하며 함께 가는 동반자형으로 구분할 수 있다.

선봉장형 팀장은, 주관이 뚜렷한 카리스마와 보스 기질을 바탕으로 사극에 나오는 장군처럼 대담함과 결단력을 겸비한 권위적인 사람으로, 팀원들을 앞에서 이끌면서, 속된 말로 "시키면 시키는 대로 해!"라고 말하는 강압적인 사람이다.

반면에 마부형 팀장은 상관의 생각에 순응하면서 상황에 대처하려는 성향이 강한 관료주의적인 사람으로, 직위에서 비롯된 우월적 지위를 이용해서 "알아서 잘해!"라면서 팀원들을 독촉하고, 결과에 대한 책임도 팀원들에게 떠넘기는 사람이다.

동반자형 팀장은, 팀원과의 관계를 상하관계가 아닌 수평적 분업관계로 인식하면서, 팀원들 의견을 존중하며 함께하려는 합리적인 사람으로, 신중하고 능동적이며, 신속한 결정이 필요할 때는 냉철하게 판단하는 사람이다. 팀원과 함께한다는 것은 팀원을 이끌기도 하지만, 때로는 팀원의 의견을 존중해서 팀원을 따라가기도 하는 것이다. 그렇기 때문에 일의 특성과 주변 상황에 따라 다를 수 있지만, 팀원 각자의 개성이 강하고 사회 환경이 급격히 변화하는 요즈음에는 동반자형이 가장 바람직한 팀장이라고 할 수 있다.

02
팀장의 자질

"팀장이 갖추어야 할 자질은 무엇이다."라고 한마디로 정의할 수는 없다. 팀장으로서의 근무 마인드와 업무 능력을 종합적으로 갖추어야 한다.

모든 업무는 팀장 혼자서 추진할 수 없다. 그렇기 때문에 팀장은 업무성과를 거둘 수 있는 기본적인 업무능력을 갖추고, 팀원들과 원활하게 소통하며, 신뢰 받을 수 있어야 한다. 팀원과의 소통 방법과 신뢰 받는 팀장이 되는 방법은 〈3장 긍정적 평판을 만들자〉와 〈4장 업무관련 공적 소통〉을 참조하고, 여기서는 팀장의 직무 수행에 직접 관련되는 업무능력을 중심으로 살펴보기로 한다.

모든 업무는 '기획 → 집행 → 평가 → 환류'의 순으로 이루어진다. 기획단계는 업무지식이 많은 전문가가 업무계획을 수립하는 것이고, 집행단계는 업무 담당자가 계획된 목표를 달성하기 위해 업무를 효율적으로 추진하는 것이며, 평가단계는 업무추진 성과를 분석해서 문제점을 도출하는 것이고, 환류단계는 도출된 문제점을 개선해서 다음

계획수립에 반영하는 것이다.

　팀장은 이런 각각의 업무추진 단계별로 필요한 역할을 담당할 수 있어야 한다. 기본적으로 업무에 관한 전문지식이 있어야 하고, 팀원을 이끌면서 성과를 거둘 수 있는 추진력도 있어야 하며, 결과에 만족하지 않는 문제의식과 문제점을 개선해서 논리적으로 실천 가능한 발전계획을 수립할 수 있어야 한다.

　앞에서 팀은 기관의 설치 목적을 달성하기 위해 현장에서 움직이는 최하위 조직이면서, 향후 사업계획을 구상하고 입안하는 입안기관이라고 했다. 그러니까 팀장은 계획을 수립하는 기획가이면서 업무를 추진하는 실무자이고, 업무성과를 분석하는 분석가라고 할 수 있다. 그렇기 때문에 팀장이 갖춰야 할 기본적인 업무능력에는 업무지식과 문제의식, 그리고 논리적 사고력 등이 필요하다.

업무지식

　업무지식은 팀장이 갖추어야 할 가장 기본적인 자질에 해당된다. 영국의 철학자 마이클 폴라니는 저서 《개인적 지식》에서 개인적 지식을 '명시적 지식'과 '암묵적 지식'으로 분류했다.

　명시적 지식은 언어와 글로 쉽게 표현할 수 있는 객관적인 지식이고, 암묵적 지식은 물에 잠겨서 잘 보이지 않는 빙산의 아랫부분처럼 경험과 학습을 통해 개인의 몸에 배어 익숙해져 있지만, 언어나 글로 표현하기 어려운 주관적인 지식을 의미한다.

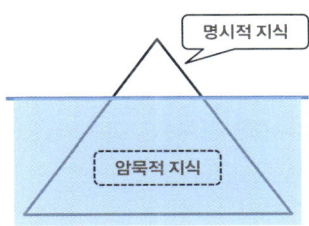

　예를 들어, 자동차 운전기술은 학원이나 책을 통해서 배울 수 있다. 그렇지만 실제로 자동차를 타면서 몇 차례 긴장되는 순간을 경험해야 안전하게 운전할 수 있다. 그러니까 학원이나 책을 통해 배운 지식은 명시적 지식에 해당되고, 경험을 통해 배운 지식은 암묵적 지식에 해당되는 것이다.

　그런데 모든 행정은 문서행정이기 때문에 업무지식에서 가장 중요한 것은 보고서 작성능력이다.

　보고서 작성능력은 〈3장 긍정적 평판을 만들자〉를 참조한다.

　보고서 작성요령을 표로 나타낸 것이다.

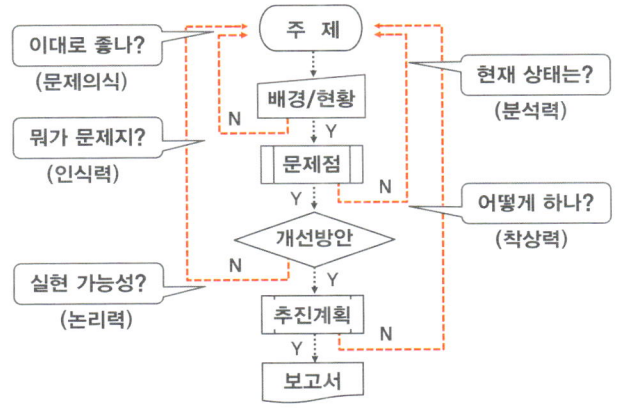

표에서 보는 것처럼 보고서를 작성하기 위해서는 문제의식과 분석력·인식력·논리력 등이 필요하다.

그렇기 때문에 보고서 작성능력은 공직자에게 필요한 대표적인 명시적 지식이면서 암묵적 지식이 포함된 능력이라고 할 수 있다.

따라서 보고서 작성능력은 모든 공직자들이 갖추어야 할 업무지식 중에서 가장 기본적인 능력이면서, 자신의 업무능력을 객관적으로 평가받을 수 있는 중요한 능력이다.

문제의식

문제의식은 조직의 발전뿐만 아니라, 자신의 성장을 위해서도 꼭 필요한 능력이다.

어떤 현상을 파악해서 표현하는 방식으로 '육하원칙'이 있다. '육하원칙'은 어떤 사건이나 현상에 대한 기사문을 쓸 때 지켜야 하는 기본원칙이다.

그런데 일본에서 '잃어버린 10년'이라는 장기간의 경기침체에도 불구하고, 가장 존경받는 기업으로 인정받는 도요타 자동차에서 사용하는 육하원칙은 이와 다르다. 도요타 자동차에서는 경기가 침체되기 이전부터 비용을 절감하기 위해 현지현물주의를 도입했다. 이 현지현물주의를 실천하는 방법이 바로 도요타의 5W1H로, 어떤 문제가 발생하면 그 문제가 발생하게 된 근본원인을 찾을 때까지 '왜'를 5번 반복한 다음에 개선방법을 찾는 것이다.

어느 날 자동차 생산라인의 한 파트에서 갑자기 기계가 멈추었다. 자동화시스템 특성상 한 라인이 작동하지 않으면 그 라인이 정상 작동할 때까지 전체 라인이 멈추기 때문에 신속한 조치가 필요했다.

그때 기계가 멈추게 된 원인을 분석하는 과정에 있었던 대화 내용을 요약한 것이다.

질문 1) 왜 기계가 멈췄나?
답변: 과부하가 걸려 퓨즈가 끊어졌습니다.
질문 2) 왜 과부하가 걸렸나?
답변: 베어링에 윤활이 충분하지 않았습니다.
질문 3) 왜 베어링에 윤활이 충분하지 않았나?
답변: 펌프가 충분히 끌어 올려 주지 못했습니다.
질문 4) 왜 펌프가 충분히 끌어 올려 주지 못했나?
답변: 펌프 축이 마모되어 덜컹거렸기 때문입니다.
질문 5) 왜 펌프 축이 마모되었나?
답변: 여과기가 부착되지 않아서 금속 조각이 들어갔습니다.

결국, 기계가 멈추게 된 근본원인을 찾아내어 펌프에 여과기를 설치하는 대책을 취해서 퓨즈가 끊어지는 것이 줄어들고, 기계가 멈출 때 퓨즈를 갈아 끼우는 응급 처치를 반복할 필요가 없어졌다.

만약 첫 번째 '왜'에서 퓨즈를 교체하라는 대책으로 마무리했다면, 즉시 기계를 움직일 수 있었을 것이다. 그렇지만 근본원인이 아니기 때문에 기계는 얼마 동안 작동했다가 다시 퓨즈가 끊어지게 되고, 기계가 멈추면 다시 퓨즈를 교체하는 조치가 반복되었을 것이다.

이처럼 '근본원인'을 찾을 때까지 '왜'를 반복하는데, 이때 책상에 앉아서 '왜'를 반복하는 것이 아니라, 문제가 발생한 현장에서 현물을 보면서 반복하는 것이 핵심이다. 그뿐만 아니라 도요타 자동차에서는 아무런 문제가 발생하지 않은 경우에도 '왜 이렇게 해야 하나?', '더 효율적인 방법은 없을까?'라는 관점에서 비용을 절감할 수 있는 방법을 끊임없이 찾아내어 불황을 극복했다고 한다.

학생수용업무를 담당하던 때의 일이다.
당시 출산율 저하로 인한 유휴교실 문제가 전국적인 이슈였다. 그렇기 때문에 교육부에서는 학교신설을 최소화하고 소규모 학교 통폐합을 적극 추진하고 있었다.
반면에, 지역사회에서는 택지개발 사업이 계속 확대되고 있었기 때문에 택지개발지역에서의 학교신설 수요는 지속적으로 발생했다. 그런데 택지개발지역에 신설된 학교에서도 개교 초기부터 유휴교실이 발생하고 있었다. 그렇기 때문에 신설학교에서 유휴교실이 발생하지 않도록 개발지역에 유입되는 예상 학생 수를 적정하게 산출하는 것이 무엇보다 중요했다.
당시 공동주택의 학생 수 산정방식은 지역별, 주택 유형별로 표본 조사한 자료를 토대로 세대당 학생 취학률을 적용해서 산정하고 있었다. 그럼에도 불구하고 신설학교에서 개교 초기부터 유휴교실이 발생했던 것이다.
나는 신설학교에서 개교 초기부터 유휴교실이 발생하는 원인을 찾기 위해 학생 수 산정방식에 문제가 없는지를 검토했다. 검토결과 공동주택 개발로 인하여 발생하는 학교신설 수요는 '풍선효과' 때문이라는 것을 알았다.

공동주택이 건설되면 당연히 입주 세대수에 따라 학생 수가 증가한다. 그런데 증가하는 학생은 대부분이 대전 지역 내에서 거주하는 학생들이 거주이전으로 발생하는 것이다. 그렇기 때문에 공동주택이 건설되어도 대전시 전체의 학생 수는 거의 증가하지 않고, 오히려 출산율 저하로 인해서 취학대상 학생 수가 매년 감소하기 때문에 공동주택 건설과 상관없이 대전시 전체의 학생 수는 매년 감소하고 있었다.

그럼에도 불구하고 택지개발지역에 거주하는 입주학생들의 통학여건을 고려한 학교신설이 불가피하기 때문에 결과적으로 학교를 신설하는 만큼의 유휴교실 문제가 추가로 발생하는 악순환이 계속되는 것이었다.

그러니까 대전시 전체의 인구수는 증가하지 않고 주택 수만 증가해서 거주이전으로 인한 학교신설 수요가 발생하는 데 따른 부작용인 것이다.

이런 문제점을 바탕으로 신설학교에서의 유휴교실 발생을 최소화할 수 있도록 학교신설 규모를 적정하게 산정하기 위해 기존의 학생 수 산정방식에 연도별 학생 수 감소추세와 택지개발에 따른 주택보급률 증가 추세를 반영하는 새로운 학생 수 산정방식을 개발했다.

개선된 학생 수 산정방식

$$\text{표본 취학률} \times \frac{100 \pm \text{학생 수 증감률}}{100} \times \frac{100}{\text{주택보급률}}$$

[사례] 2006년 유성구 노은3지구 공동주택 개발사업

- 개발 세대수: 2,304세대
- 입주 시기: 2010년 2월
- 유성지역 공동주택 세대당 취학률: 40.3%
- 교육부 기준 학급당 학생 수: 35명

연도별 학생 수 및 주택 수 증감 추이

구 분	2006	2007	2008	2009	2010
학생 수	127,531	126,369	121,847	115,899	110,414
증감률	100	−0.9	−3.6	−8.3	−12.6
주택 수	518,039	523,504	524,994	529,380	552,697
보급률	102.6	103.7	104.0	104.8	109.5

※ 기준연도 세대수, 주택보급률: 2006. 12. 31. 대전시 통계

① 기존의 산정방식을 적용할 경우
- 총 학생 수: 2,304세대 × 40.3% ⇒ 929명
- 학년당 학생 수: 929명 ÷ 6 ⇒ 155명
- 학년당 학급 수: 155명 ÷ 35명 ⇒ 5학급(급당 31명)
- 학교신설 규모: 5학급 × 6학년 ⇒ 30학급

② 개선된 산정방식을 적용할 경우
- 총 학생 수: 929명 × (1−0.126) × (100/109.5) ⇒ 739명
- 학년당 학생 수: 739명 ÷ 6 ⇒ 123명
- 학년당 학급 수: 123명 ÷ 35명 ⇒ 4학급(급당 30.8명)
- 학교신설 규모: 4학급 × 6학년 ⇒ 24학급

기존의 학생 수 산정방식을 적용할 경우 학교신설 규모가 30학급이지만, 개선된 학생 수 산정방식을 적용해서 학교신설 규모를 24학급으로 6학급을 축소하는 효과를 거두었다.

이처럼 팀장은 기관의 목적을 효율적으로 달성하기 위해 현재 추진하고 있는 일과 관련된 각종 상황이나 변수 등에 대해 항상 "지금 하고 있는 방식이 최선인가?" 하는 문제의식을 갖고 있어야 한다. 이런 문제의식은 기획자가 갖춰야 할 기본적인 자질에 해당된다.

문제점을 찾았다면 다음 단계는 그 문제점에 대한 개선방안을 강구해야 한다. 개선방안은 추상적인 것이 아니라 현실적으로 실현 가능한 방안이어야 한다.

그런데 아무리 좋은 개선방안이라도 결재자가 인정하지 않으면 채택되지 않는다. 그렇기 때문에 팀장은 자신이 제시하는 개선방안이 실현 가능하다는 것을 논리적으로 설명할 수 있어야 한다.

논리적 사고

논리적 사고란, 보고서를 작성하는 것처럼 논리적인 규칙과 형식에 따른 일관성을 갖는 사고방식이다.

논리적 사고는 어떤 현상에 즉각 반응하는 직관적 사고와는 다르게 어떤 문제를 해소하는 방법에 대한 자신이 생각하는 결론에 대해 적절한 근거와 사실을 제시해서 상대방을 이해시킬 수 있다. 이런 논리적 사고는 직관적 사고와 비교할 때 의사결정의 오류가 발생할 가능성이 훨씬 적다.

그렇기 때문에 팀장은 어떤 상황에 대해 합리적이며 신속하게 판단할 수 있도록 평소에 논리적으로 사고하는 습관을 들여야 한다.

논리적 사고란, 물이 위에서 아래로 흐르는 것처럼 누구든지 동의할 수 있는 원리로 전후의 맥락이 서로 연계되도록 사고하는 것이다. 물론 모든 사회적 현상은 자연의 원리처럼 모든 사람이 동의할 수 있는 당연한 원리는 없다. 그렇지만 다수의 사람들이 동의할 수 있는 원리는 있다. 이처럼 다수의 사람들이 동의할 수 있도록 이치에 맞게 생각하는 능력이 논리적 사고능력이다. 이런 논리적 사고능력은 공식적인 업무를 뒷받침하는 암묵적 지식에 해당된다.

암묵적 지식은 다양한 현장 경험을 통해서 키울 수 있다. 그렇기 때문에 팀장은 자신에게 주어진 일은 물론이고 평소에 자신이 관여할 수 있는 모든 일에 능동적으로 참여해서 다양한 경험을 쌓는 것이 좋다.

03
팀장의 역할

팀장의 역할은 크게 팀에서의 역할과 조직 내에서 역할, 그리고 대외적 역할로 구분할 수 있다.

팀에서의 역할

팀에서의 역할은 팀원을 이끄는 리더이자, 팀원과 함께하는 동반자이며, 팀원의 업무능력을 증진시켜 주는 멘토로서의 역할로 구분할 수 있다.

첫째, 팀장은 팀을 이끄는 리더이다. 팀에 부여된 업무성과를 거두기 위해 합리적인 방안을 찾아서 신속히 결정하고 팀원을 효율적으로 이끄는 것이다.

> "최악의 리더는 막연히 결정을 미루는 사람이다.
> 잘못된 결정보다 지연된 결정이 더 큰 문제다."
> - 미국 육군사관학교의 리더십 교육에서

팀장이 신속하게 결정하지 못하면 팀원들로부터 신뢰받기 어렵다. 물론 모든 일을 신속하게 결정하는 것이 좋다는 것은 아니다. 뚜렷한 이유 없이 결정을 미루지 말라는 것이다. 그뿐만 아니라 막연히 결정을 미루는 팀장일수록 업무추진 결과가 잘못되었을 때, 그 책임을 다른 사람에게 미루려는 성향이 강하다.

그렇기 때문에 신속하게 결정하지 못하는 팀장은 팀원들로부터 신뢰받기 어렵다.

둘째, 팀장은 팀원과 함께하는 동반자이다. 팀을 구성하는 이유는 담당 업무를 팀장 혼자 추진할 수 없기 때문이다. 그렇기 때문에 항상 팀원과 목표를 공유하면서 함께해야 업무를 효율적으로 추진할 수 있다는 마인드로 팀원과 원활하게 소통해야 한다.

> 개그맨 유재석이 국민 MC로 불리는 가장 큰 이유 중의 하나가 다른 개그맨들처럼 독설이나 상대방 공격하기, 버럭하기, 윽박지르기 등으로 시청자에게 가벼운 웃음을 주는 것이 아니라, 함께 출연하는 동료들의 장점을 돋보이게 하고, 단점은 감싸 주며 함께할 수 있도록 분위기를 조성하면서 유쾌하게 진행하기 때문이다.

물론, 업무의 특성이나 상황에 따라 다르지만, 개성이 다양한 팀원들을 효율적으로 이끌기 위해서는 팀원의 특성을 잘 이해해야 한다. 팀원 중에는 업무능력이 다소 부족한 팀원도 있을 수 있다. 그런 팀원에게도 부족한 부분을 보충해 주면서 함께할 수 있도록 이끌어야 한다.
 팀원과의 소통 방법은 〈4장 업무관련 공적 소통〉을 참조한다.

 셋째, 팀장은 팀원의 멘토가 되어야 한다. 팀원의 멘토가 되는 것은 팀장의 역할이기도 하지만 공직 선배로서의 역할에 해당된다. 선배와 후배의 관계는 〈1장 공직의 이해〉에서 설명한 바와 같이 서로 상부상조하면서 조직을 유지하고 발전시켜 나가는 대등한 동료관계라는 것을 인식하고, 조직의 발전뿐만 아니라 팀원의 발전을 위해 적극적으로 지도하고 조언해 주어야 한다.

조직 내에서 역할

 팀장이 조직 내에서 하는 역할에는 조직의 중추로서의 역할과 팀의 대표로서의 역할 그리고 팀원의 보호막 역할 등이 있다.

 첫째, 팀장은 조직의 중추이다. 조직에서 기관장은 결정기관이고, 국장이나 과장은 보조기관이며, 팀장과 팀원으로 구성된 팀은 기관의 설치 목적을 구체적으로 실현하는 추진기관이면서 새로운 정책을 입안하는 기관이다.
 자동차는 실린더 내부의 폭발력으로 인한 피스톤의 상하 직선운동을 전달받은 커넥팅 로드가 크랭크샤프트를 돌려서 회전운동으로 바꿔 주기 때문에 움직인다.

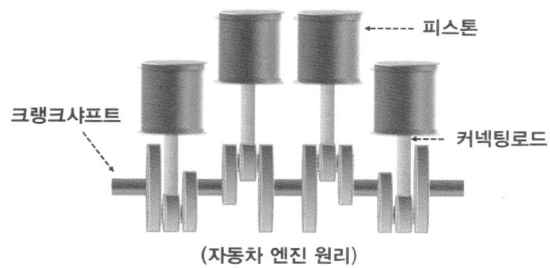

(자동차 엔진 원리)

　조직을 자동차 엔진으로 비유할 때 기관장를 피스톤이라고 하면, 팀장은 커넥팅로드에 해당한다. 이처럼 팀장은 상관의 지시를 받아서 수동적으로 팀원을 이끄는 것이 아니라, 기관의 설치 목적과 비전에 부합하는 실현 가능한 단위 목표를 설정하고 이를 효율적으로 달성할 수 있도록 항상 법과 원칙에 의거해 능동적이면서 합리적으로 팀원을 이끄는 중추적 역할을 담당한다.

　둘째, 팀장은 팀의 대표자이다. 팀장은 팀에 부여된 업무를 추진한 결과에 대해 책임을 지는 대표자라는 마인드를 갖고 있어야 한다.
　물론 팀원들도 조직의 목표를 공유하면서 업무추진 결과에 대해 공동책임이라는 의식을 가져야 한다.
　〈4장 업무관련 공적 소통〉에서 설명한 것처럼 팀원 회의에서 팀원들은 다양한 의견을 자유롭게 제시할 수 있지만, 최종 의사결정은 조직 목적에 부합하도록 팀장이 합리적인 판단을 해야 하기 때문에 팀원들이 제시한 방안을 거부하고 다른 방안을 채택하는 경우도 있다. 그렇기 때문에 업무추진 성과에 대한 공은 실무자들과 나누지만, 그 책임은 전적으로 팀장인 자신에게 있다는 마인드로 팀을 이끌어야 한다.

또한, 팀장이 최종 결재권자에게 보고하는 경우가 많기 때문에 팀장은 팀을 대표하는 프레젠터 역할도 해야 한다.

셋째, 팀장은 팀원들의 보호막 역할을 해야 한다. 공공기관은 계급사회이기 때문에 지위가 낮고 업무경험이 적은 팀원은 상급자로부터 불합리한 지시나 부탁을 받은 경우에 이를 효율적으로 거절하거나 방어하지 못하는 경우가 많다.

학교에서 근무하던 때의 일이다.

어느 날, 점심 식사를 마치고 행정실에 갔는데, 직원 한 명이 학생들의 민원을 처리하고 있었다. 그래서 다른 직원들은 어디 갔느냐고 물었더니, "급식실에 학생 질서지도를 하러 갔어요."라고 했다.

그게 무슨 소리냐고 물었더니, 교감선생님이 와서 '선생님들은 점심 식사 후에 휴식을 해야 하니까 행정실 직원들이 점심 식사 후에 급식실에서 학생 질서지도를 하라'고 지시했다고 했다.

기가 막혔다. 그래서 급식실에 가서 직원들을 불러오라고 했다. 나는 행정실 직원들에게 앞으로 점심시간에 식사를 마치고 나면 급식실 근처에도 가지 말고, 학생 민원을 처리하거나 휴식을 취하라고 했다.

다음 날 아침, 교장실 간부회의에서 행정실 직원들은 점심 식사를 마친 후에는 행정실에서 학생민원을 처리하거나 개인적인 휴식을 취하도록 했다고 발표했다.

그러자 교감선생님이 "급식실에서 학생 안전사고가 나면 어떻게 하나요?"라고 물었다. 그래서 급식실에서 학생 안전사고가 나면 그 책임이 누구에게 있는지 가려지지 않겠느냐고 대답했다.

그날부터 교무실에서 점심시간에 학생 질서지도를 담당하는 교사를 지정하기 시작했다.

이처럼 팀원들이 불이익을 받지 않도록 보호막 역할을 하는 것도 팀장이 해야 하는 중요한 역할 중의 하나이다.

대외적 역할

팀장의 대외적 역할에는, 기관의 대변인 역할과 보호막 역할 그리고 중재자 역할 등이 있다.

첫째, 팀장은 기관의 대변인 역할을 해야 한다. 우리 속담에 '아 다르고, 어 다르다'는 말이 있다. 같은 내용의 말이라도 어떻게 표현하는가에 따라 크게 달라질 수 있다는 말이다

오늘밤나무사온다.

이 문장은 어디를 띄어서 읽느냐에 따라 그 의미가 달라진다. 소통에서 가장 중요한 것은 명확한 의사전달이다. 소통의 오류를 최소화하기 위해서는 소통창구를 일원화하는 것이 좋다.

공직자가 담당하는 업무에 관해 민원인이나 언론인, 정치인들이 질의할 때 답변할 수 있는 사람은 담당자와 팀장을 비롯해서 기관장까지 결재라인에 있는 모든 사람들이 답변할 수 있다.

그렇지만 '오늘밤나무사온다'와 같이 똑같은 자료를 가지고 답변한다고 해도 사람에 따라 서로 다른 의미로 전달될 수 있다.

만약 민원인과의 소통에서 의미가 잘못 전달되어 어떤 문제가 발생할 경우, 그에 따른 업무 부담은 바로 그 업무를 담당하는 팀에게 돌아간다.

조직 내에서 특정 업무에 관하여 가장 잘 알고 있는 사람은 담당자이고, 그 다음은 팀장이라고 할 수 있다. 그런데 담당자는 특정 업무에 관한 세부적인 내용은 가장 잘 알고 있지만, 조직 목적과 연계한 폭넓은 해석능력은 다소 부족할 수 있다.

그렇기 때문에 외부와의 소통에서 오류를 최소화하기 위해서는 팀장이 해당 업무에 관한 소통을 전담하는 것이 가장 합리적이다.

팀장이 민원인과의 소통을 전담할 경우 팀장의 업무 부담이 가중될 수 있다. 그렇지만 소통의 오류에서 발생할 수 있는 부작용을 예방할 수 있을 뿐만 아니라, 소통하는 과정에 향후 추진 방향이나 방법 등에 관한 정보를 얻을 수도 있기 때문에 결과적으로는 팀장의 업무 부담을 경감하는 효과가 있다.

물론 민원인이나 언론인, 정치인들은 기관장이나 국장, 과장이 답변하는 것을 더 원한다. 그런데 질문하는 사람은 예상했던 사항 이외의 다른 질문을 할 수도 있다. 그렇기 때문에 민원인이나 언론인, 정치인들이 기관장이나 국장, 과장에게 단위 업무에 관하여 질의하는 경우에도 소관 업무를 담당하는 팀장이 직접 답변할 수 있도록 하거나, 부득이 기관장이나 국장, 과장이 답변하는 경우에는 반드시 팀장을 배

석시켜서 필요한 경우 팀장이 직접 답변할 수 있도록 하는 것이 합리적이다.

학생수용업무를 담당하던 때의 일이다.

어느 날, 모 종교인이 찾아와서 대안학교를 설립하겠다면서 절차에 관해서 물었다. 그래서 학교를 설립할 부지를 확보했는지 물었더니, 확보했다면서 지적도를 보여 주었다.

그런데 설립부지의 면적이 학교 건물만 지을 정도로 작았다. 그래서 부지 면적이 너무 작아서 설립할 수 없다고 했다.

그러자 관련 규정을 찾아보았다면서, 확보한 부지에 학교 건물을 짓고, 체육장(운동장)은 인접한 체육공원을 활용할 계획이라고 했다.

그래서 「고등학교 이하 각급학교 설립운영 규정」에는 새로 설립되는 학교가 공공체육시설과 인접한 경우에 체육장을 두지 않을 수 있다고 규정하고 있지만, 이 경우에는 해당되지 않는다고 설명했다.

민원인은 그게 무슨 소리냐면서 교육청의 모 간부에게 확인했다면서, 구거를 복개하면 인접한 것이라고 주장했다.

그러니까 민원의 초점은 학교 신청부지와 체육공원 사이에 폭 1~2m 정도인 작은 구거가 있는 것을 인접한 것으로 볼 수 있느냐 하는 것이다.

그래서 인접(隣接)이란 붙어서 이웃한 것으로 인근 시장, 인근 병원 등과 같이 이웃해서 가까운 곳을 말하는 인근(鄰近)과는 그 의미가 다르다고 사전을 보여 주며 설명했다. 그러자 민원인은 구거를 복개해서 학생들만 사용하면 인접한 것이 아니냐고 주장했다.
그래서 만약 이 사례를 인접한 것으로 인정한다면, 이 사례와 같이 폭이 좁은 구거가 아닌 폭이 넓은 하천인 경우에도 인정해야 할 것이라면서 안 된다고 단호하게 거절했다.

이처럼 외부와의 소통에서 의미가 잘못 전달되어 어떤 문제가 발생할 경우 그에 따른 업무 부담은 팀장에게 돌아간다. 그렇기 때문에 팀장이 외부와의 소통을 전담하는 것이 가장 합리적이다. 소통에 관한 자세한 내용은 〈4장 업무관련 공적 소통〉을 참조한다.

둘째, 팀장은 기관의 보호막 역할을 해야 한다. 우리 속담에 '호미로 막을 것을 가래로 막는다'는 말이 있다.
일반적으로 공직자들이 약한 모습을 보이는 상대는 정치인과 언론사의 기자들이다. 그렇기 때문에 민원인들이 정치인이나 기자에게 민원을 부탁하는 사례가 종종 발생하고 있다.

학생수용업무를 담당하던 때의 일이다.
어느 날 모 교육위원이 찾는다고 해서 위원실에 갔다. 다른 사람과 함께 나란히 앉아 있던 교육위원은, 나를 보더니 반가워하면서 응접탁자를 가운데 두고 자신의 앞에 앉으라고 했다. 그 교육위원 옆에 앉은 사람은 처음 보는 사람이었다.

나는 자리에 앉으면서 "찾으셨다고 해서 왔습니다. 무슨 일이십니까?"하고 물었다.

응접탁자 위에 ○○초와 ◇◇초의 통학구역 도면이 펼쳐져 있었다.

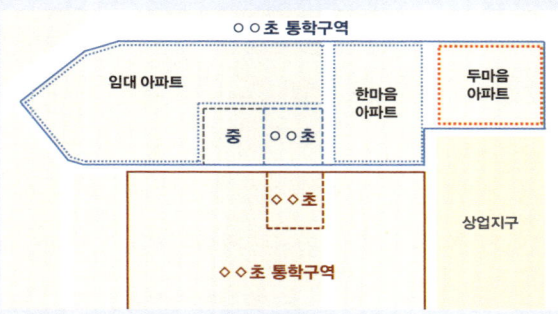

아래는 그 교육위원과 나눈 대화 내용이다.

위원: (손으로 도면을 가리키면서) 여기 두마음아파트(가칭)가 ○○초 통학구역에 속해 있는데, 이 아파트에 거주하는 주민들이 ◇◇초를 원해요. 통학거리도 비슷하니까 ◇◇초로 통학구역을 변경시켜 주면 좋겠어요.

나: 변경시켜 달라는 이유가 무엇인가요?

위원: 주민들이 임대아파트에 사는 아이들과 함께 학교에 다니는 것을 싫어해요.

나: 두마음아파트를 ◇◇초 통학구역에 편입시키면, 지리적으로 같은 여건에 있는 한마음아파트(가칭) 주민들도 통학구역 변경을 요구할 겁니다. 만약, 두마음아파트와 한마음아파트 통학구역을 ◇◇초로 변경하면 지금도 학생 수가 적어서 소규모 학교인 ○○초는

학생 수가 너무 적어서 정상적인 교육활동이 어렵게 됩니다. 그렇게 되면 ○○초를 폐교하고 ◇◇초로 통합할 수밖에 없습니다. 위원님 생각에 이 아파트 주민들이 ○○초를 ◇◇초와 통합하는 것을 찬성할까요?

위원: 그렇게 되면 통학구역을 변경한 의미가 없지요. 그냥 두마음아파트만 통학구역을 ◇◇초로 변경시켜 줘요.

나: 위원님, ○○초와 ◇◇초의 통학구역 문제는 지난번에 충분히 설명 드리지 않았습니까? 그런 내용을 잘 모르는 주민들은 위원님에게 통학구역 변경에 관해 건의할 수 있습니다. 그런 경우에 위원님이 주민들의 요구에 직접 설명하기 어렵다면 제가 설명할 수 있도록 안내해 주시면 되지요. 그런데 ○○초의 통학구역 변경이 어렵다는 것을 잘 알면서 주민을 앞세워서 이렇게 말씀하시는 것은 아니라고 생각합니다.

(나는 위원의 반응을 기다리지 않고 자리에서 일어났다.)

이처럼 정치인들은 뻔히 알고 있는 사항임에도 불구하고, 혹시나 하는 생각에서 공직자를 시험하거나 불합리한 요구를 강요하는 경우도 있다.

셋째, 팀장은 기관의 중재자 역할도 해야 한다. 팀장은 외부와 소통할 때 기관을 대표하게 된다.

그런데 외부와의 소통은 순조로울 때보다 순조롭지 않은 경우가 더 많다. 예를 들면, 동료의 행정착오로 인해서 민원이 발생하는 경우에는 책임문제가 있기 때문에 소통이 어렵다.

또한 민원이 다른 기관과 연계된 경우에는 그 기관과의 이해관계로 인해서 소통이 어려운 경우도 있다. 이처럼 소통이 순조롭지 않음에도 불구하고 기관의 입장만 고집하면 민원이 수습하기 어려운 상황으로 확대될 수 있다.

그렇기 때문에 소통이 순조롭지 않은 경우에는 기관의 대표가 아니라, 공익을 추구하는 제3자(관전자)의 시각으로 상황을 파악할 수 있어야 한다.

관전팔수(觀戰八手)

이 말은 관전하는 사람은 냉정한 시각으로 국면을 보기 때문에 대국자가 미처 깨닫지 못하는 여덟 수 정도를 볼 수 있다는 의미이다.

관재업무를 담당하던 때의 일이다.

어느 날 대전지방법원으로부터 「모 여고 진입로 사용료 청구 및 교문 폐쇄 요구」 최고서가 접수됐다.

내용을 살펴보니까, 내가 관재업무를 담당하기 전에 모 여고의 교문 진입로 소유권자가 교문 폐쇄를 요구하는 소송을 제기했었는데, 당시 교육청에서 교문을 폐쇄하겠다고 약속해서 진입로 소유권자가 소를 취하했던 것이다. 그런데 교육청에서 약속을 지키지 않고 사유지를 학교 진입로로 계속 사용한다는 이유로 다시 소송을 제기한 것이었다.

그래서 전임자에게 어떻게 된 것인지 물었더니, 진입로 소유권자와의 약속을 이행하기 위해 교문을 폐쇄하고, 학교 경계의 남쪽에 새로 교문을 설치하는 것으로 추진하고 있다고 했다.

그렇다면 약속을 이행한 것인데 이상했다. 그래서 해당 학교에 가서 현장을 확인했는데, 학생들이 기존의 교문을 계속 이용하고 있었다. 현실적으로 진입로 소유권자와의 약속을 지키지 않은 것이었다.

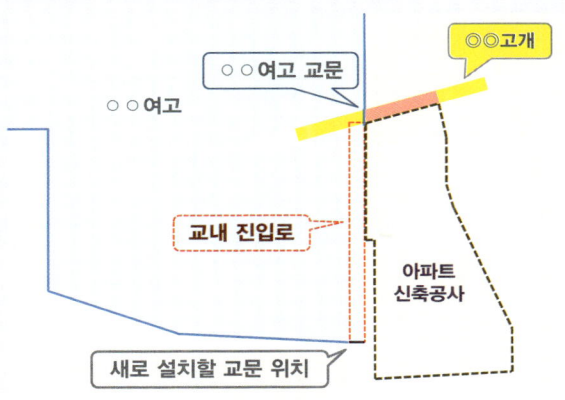

※ '◎◎고개'라고 노란색으로 표시한 부분이 학교 진입로이고, 붉은 색 부분이 사유지이다.

어떻게 된 것인지 학교 관계자에게 경위를 확인했더니, 학교에서 진입로 소유권자와의 합의사항을 이행하기 위해 학교 경계의 남쪽에 새로 교문을 설치할 수 있도록 교내 진입로를 조성하고 교문을 폐쇄했다. 그러자, 진입로 소유권자가 경사진 토지(진입로)의 수평을 맞추기 위해 성토작업을 진행했다.

그런데 지역 신문에 "◎◎고개가 사라진다."라는 제목으로 교문 폐쇄 사실이 보도되자, 지역 주민들이 모 여고의 진입로 폐쇄를 반대하는 민원을 관할 구청에 제기했다. 그러자 관할 구청의 관계자가 현장을 방문해서 진입로의 성토작업을 중단시키고, 학교 진입로를 원상 복구시켜서 학생들이 다시 기존의 교문으로 통행하게 된 것이었다. 그러니까 고의는 아니지만 결과적으로 교육청에서 진입로 소유권자와의 약속을 지키지 않은 것이 된 것이다.

그동안의 추진 경과를 살펴보면서 두 가지 의문점이 생겼다. 하나는 진입로 소유권자가 수십 년 동안 교육청이나 관할 구청에 토지보상을 요구하지 않았는데, 그 이유가 무엇인지 궁금했다.

또 다른 하나는 소유권자의 입장에서는 토지에 대한 재산권 행사가 목적이다. 그러니까 학교에서 교문을 폐쇄하면 자신의 토지에 대한 재산권을 행사할 수 있다는 생각에서, 교육청에 교문 폐쇄를 요구한 것이다. 그런데 학교 진입로는 모 여고의 전신인 ○○학교가 설립된 지난 1943년 이후 교문 폐쇄를 요구하는 소송이 제기되기 전까지 45년 동안 아무런 문제없이 학교 진입로로 사용했었고, 진입로 소유권자도 소유권을 주장하지 않았었다. 그런데, 진입로와 인접해서 아파트 신축공사가 시작되자 소유권을 주장하는 이유가 무엇인지 궁금했다.

일반적으로 개인 토지가 도로에 편입되는 경우에는 당연히 관할 도로 관리청에서 보상해야 한다. 그런데 예외적으로 관습상 도로였던 개인 토지가 도시계획에 따른 도로로 편입된 경우에는 도로 관리청에서 적극적으로 보상하지 않는 것이 현실이었다.

그래서 아파트 신축공사가 착공되기 전에는 학교 진입로의 도로 상황이 어떠했는지를 알아보기 위해 학교 도서관에서 보관하고 있는 오래전에 졸업한 학생들의 졸업앨범을 살펴보았는데, 아파트 공사가 시작되기 전에 교문 앞에서 찍은 어느 졸업생의 사진에서 교문의 좌측으로, 그러니까 아파트 공사가 진행되는 쪽으로 학교 담장을 따라 학교 진입로와 연결된 도로가 있었다는 것을 발견했다.

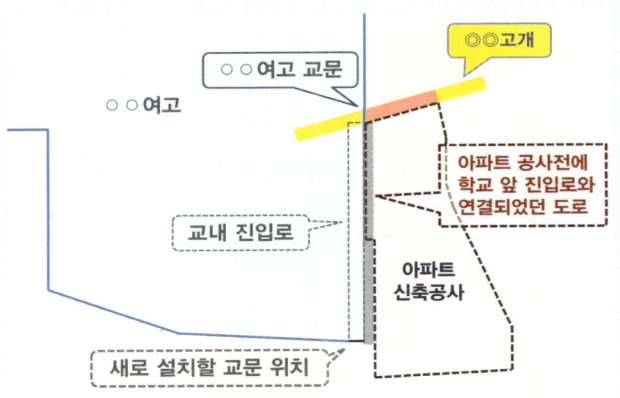

그러니까 학교 진입로는 아파트 신축공사가 착공되기 전에는 학교에서만 사용하는 진입로가 아니라, 학교 정문에서 남쪽 방향인 교문의 좌측으로 학교 경계를 따라 이어지는 공공의 도로였던 것이다.

학교 진입로 소유권자의 입장에서 아파트 신축공사가 착공되기 전에는 공공의 도로였기 때문에 교육청에 교문 폐쇄를 요구할 명분이 없었던 것이다. 그분만 아니라 지역 주민들이 일상적으로 사용하던 관습상의 도로였기 때문에 도로 관리청에 보상을 요구하기도 어려웠던 것이다.

그런데 아파트 신축공사가 시작되자 교문 좌측으로 이어진 도로가 폐지되어 현실적으로 학교에서만 사용하는 전용 진입로가 되었기 때문에 교육청에 교문 폐쇄를 요구하게 된 것이었다.

그렇기 때문에 학교 진입로에 대한 도로보상 의무가 관할 구청에 있다는 것을 주장하려면, 아파트 신축공사가 착공되기 이전에는 학교 진입로가 지역 주민들이 사용하던 공공의 도로였다는 것을 증명해야 했다.

고민하던 나는 만약 교문 좌측으로 학교 경계를 따라 있었던 도로가 도시계획상의 도로였다면 아파트 건축허가 과정에 그 도로를 폐지하는 도시계획변경이 선행됐을 것이라고 판단했다. 그래서 관할 구청에서 아파트 건축공사 부지에 대한 건축허가 이전의 도시계획도면을 열람했더니, 교문 좌측으로 학교 경계를 따라 이어진 도로가 있었다.

그래서 학교 진입로를 도시계획시설로 결정한 공고문과 아파트 건축에 따른 폐도 공고문을 찾기 위해 충남도청에서 영구문서로 보관중인 마이크로필름을 열람했다.

그 결과 교문 좌측으로 학교 경계를 따라 개설되었던 도로를 도시계획시설로 결정한 문서는 찾았는데, 아파트 건축허가와 관련된 도시계획 변경 문서에서 당해 도로를 폐지한 내용은 찾을 수 없었다.

교문 좌측의 학교 경계를 따라 남쪽으로 이어진 도로는 아파트 건축공사로 없어졌지만, 도시계획에는 도로로 남아 있었던 것이다. 관할 구청의 명백한 행정착오였다.

교문 앞의 진입로가 학교에서만 사용하는 전용 진입로가 된 원인이 아파트 건축허가 과정에 학교 담장을 따라 존재했던 공공의 도로를 폐도함으로써 발생했다는 것이 확인된 것이다.

그러니까 교문 앞 도로에 대한 보상 책임이 관할 구청에 있다는 것이 밝혀진 것이다.

나는 관할 구청에 찾아가서 도시계획으로 결정 고시된 교문 좌측에 있던 도로가 폐지되지 않았다는 근거를 제시한 다음, 민원이 확대되지 않도록 조속히 처리해 줄 것을 촉구했다.

결국 관할 구청에서 학교 진입로에 대한 토지보상을 이행해서 민원을 해소하고, 교문도 폐쇄하지 않고 계속 사용할 수 있게 되었다.

이처럼 제3자의 입장에서 상황을 파악한 다음, 소속기관에서 불합리한 행위가 있었다면 그 사실을 신속하게 인정하고 해결방안을 제시할 수 있어야 하고, 반대로 민원인의 요구사항 중에 불합리한 부분이 있다면 그 사실을 명확히 설명하고 해소방안을 제시할 수 있어야 한다.

04
팀장의 마인드

공직에 입문해서 정년퇴직할 때까지 37년의 공직 생활을 돌이켜 보면, 일을 통해서 성취감이나 보람을 많이 느낄 수 있었던 시기는 일의 주인이었던 주사보와 주사 그리고 사무관시절이었다.

그중에서 팀장은 자신의 역량을 최대한 발휘할 수 있기 때문에 일을 통해서 성취감이나 보람을 가장 많이 느낄 수 있다. 그런 이유에서 사무관을 공직의 꽃이라고 한다.

공직의 꽃인 팀장은 공직 생활 중에서 '지금이 가장 행복한 시기'라는 자긍심과 열정을 갖고 업무에 임해야 한다.

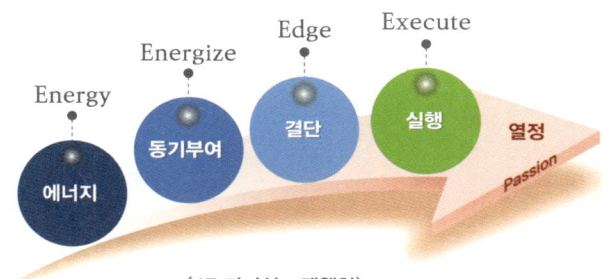

(4E 리더십 : 잭웰치)

제너럴일렉트릭을 세계 최고의 기업으로 성장시킨 잭 웰치는 "리더는 일에 대한 에너지가 넘쳐야 하고, 팀원에게 에너지를 불어넣을 줄 알아야 하며, 어떤 상황에서도 소신껏 결단하고, 실행할 줄 알아야 한다."라면서 이런 리더십을 발휘하기 위해서는 열정이 있어야 한다고 말했다.

열정이란 '얼마만큼 좋아하나?'라고 묻는 것처럼 좋아하는 강도뿐만 아니라 '얼마나 오래 좋아할 수 있나?'라고 묻는 것처럼 좋아하는 끈기도 포함한 말이다. '느릿느릿 걸어도 황소걸음'이라는 속담처럼 사회 환경이 급격히 변화한다고 해도 한 순간의 뜨거운 열정보다 중간에 포기하지 않고 오래 지속하는 끈기 있는 열정이 더 가치가 있다.

> 踏雪野重去 눈 덮인 들판을 걸어갈 때,
> 不須胡亂行 모름지기 어지럽게 걷지 마라,
> 今日我行跡 오늘 내가 걸어간 발자국은,
> 遂作後人程 훗날 뒷사람의 이정표가 되리니!
> - 서산대사

이 시는 서산대사가 짓고, 김구 선생이 즐겨 암송했다고 알려졌다. 이처럼 팀장은 자신이 걷는 길은 팀원들의 이정표가 된다는 마인드로 모든 일에 열정을 갖고 적극적이면서 지속적으로 추진해야 한다.

6장
적극행정, 공직자 성공의 조건

01 적극행정이 필요한 이유
02 소극행정을 예방하자
03 적극행정을 실천하는 방법
04 적극행정 지원제도

공직자 중에서 가장 성공한 공직자는 공직 생활을 통해 성취감이나 보람을 많이 느끼는 공직자이다. 그 이유는 두 가지로 설명할 수 있다.

하나는, 성취감이나 보람을 많이 느낀다는 것은 그만큼 많은 업무성과를 거두었다는 것이기 때문에 당연히 승진에서도 다른 사람들에게 뒤지지 않는다.

다른 하나는, 공직자는 퇴직하고 나면 과거를 회상하는 시간이 많아진다. 몇 급으로 퇴직했는가를 회상하는 것이 아니라 퇴직하기 전에 이룩했던 성취감이나 보람을 회상하면서 자부심을 느끼기는 것이다.

그런데 성취감이나 보람은 누가 시켜서 하는 일이 아니라 자신이 적극적으로 찾아서 하는 일에서 많이 느낄 수 있다.

이 장에서 사용하는 용어나 법규와 관련된 내용은 인사혁신처에서 적극행정 전문강사에게 배포한 자료를 참조했다.

01
적극행정이 필요한 이유

우리나라는 오래전부터 각종 대형 사고가 끊이지 않고 발생해서 한때는 '사고공화국'이란 신조어가 만들어지기도 했다.

사회적 질환 인재(人災)

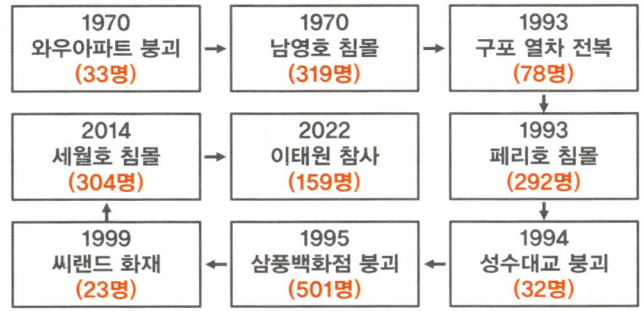

표는, 수많은 대형 사고 중에서 '인재(人災)'라고 불리는 사고만 골라 본 것이다. 물론, 모든 사고의 근본원인은 영리를 목적으로 하는 사업자들의 위법하고 불합리한 경영에서 비롯된 것이다. 그렇지만 관련

행정기관에서 평소에 지도·감독을 제대로 했다면 사고를 예방하거나 피해를 최소화할 수 있었던 사고들이기 때문에 '인재(人災)'라고 불리는 것이다.

정부에서는 각종 사고가 발생할 때마다 재발을 방지하기 위해 그 원인을 찾아서 후속조치를 취하고 있다.

그런데 이 9건의 인재 중에 사고 유형이 비슷한 선박 침몰 사고가 3건이나 있다. 남영호와 페리호 그리고 세월호 침몰 사고로 각각의 사고는 20여 년을 주기로 발생했다. 남영호와 페리호가 침몰했을 때 정부에서 후속조치를 취했음에도 불구하고 세월호가 침몰한 것이다.

그래서 왜 유사한 인재가 계속 발생하는지 그 원인을 알아보기 위해 세 건의 선박 침몰 사고를 중심으로 사고가 발생한 원인은 무엇이고 후속 조치를 어떻게 했는지 등을 인터넷 검색(위키백과)을 통해 살펴봤다.

지난 1970년에 발생한 남영호 침몰 사고는, 당시 적재기준이 130톤이었는데 540톤을 실은 것이 가장 큰 사고 원인 중 하나였다. 또한 배가 침몰하는 과정에 선원들이 조난신호를 보냈지만, 우리 해경은 조난신호를 전혀 수신하지 못했었다. 다행히 사고지점의 인근 수역을 항해하던 일본 순시선이 조난신호를 수신해서 우리 해경에 연락을 취했는데, 우리 해경에서는 일본 순시선의 연락을 신뢰하지 않았다가 뒤늦게 조난사실을 확인하는 바람에 피해가 커졌다.

319명이 사망한 남영호 침몰 사고는 여객선을 대형화하고, 레이더 등의 안전장비를 확충하는 계기가 되었다.

   1993년에 발생한 페리호 침몰 사고는, 당시 화물을 16톤 실었는데 적재기준이 40톤이었기 때문에 과적한 것은 아니었다. 그런데 페리호는 당초에는 적재기준이 6.5톤이었는데, 해운항만청에서 화물과 승객을 최대한 실었을 때 배가 물에 잠기는 안전기준선인 '만재흘수선'을 확대해서 적재기준이 40톤으로 6배 이상 확대되었다. 그러니까 당초 기준으로 하면 2배 이상 과적한 것이다. 또한 정원이 221명인데 362명이 승선했으며, 악천후였음에도 불구하고 무리하게 출항한 것이 직접적인 사고 원인이었다.

   292명이 사망한 페리호 침몰 사고는 선박 관련 법규와 안정성 등에 관한 법적, 제도적 미비점을 보완하는 계기가 되었다.

   2014년에 발생한 세월호 침몰 사고는, 지금까지 정확한 침몰 원인이 밝혀지지 않고 있다. 당시 세월호는 적재기준이 3,794톤인데 2,213톤을 적재해서 과적도 아니었다.

   그런데 세월호는 승객을 많이 싣기 위해 객실을 증축했었다. 객실을 증축한 후에 실시한 복원성 검사결과를 기준으로 할 때는 적재기준이 1,077톤에 불과했다. 그러니까 복원성 검사결과를 기준으로 하면 두 배 이상 과적한 것이다. 그렇기 때문에 승객을 많이 싣기 위해 무리하게 객실을 증축한 것이 사고 원인의 하나로 꼽히고 있다.

   304명이 사망한 세월호 침몰 사고는, 당시 인명 구조를 위한 초동대응에 미숙했다는 책임을 물어 해경의 구조지휘관 1명이 징역 3년의 형사처벌을 받았고, 사고 진상을 규명하기 위한 「세월호특별법」과 「사회적 참사 진상 규명법」이 제정되었다.

이 세 건의 선박 침몰 사고는 모두 과적이나 정원 초과와 안전운항 미숙이지만, 그 배경에는 관련 기관의 관리감독 소홀과 부적정한 소극행정이 있었고, 인명 구조작업 과정에서도 소극적인 대처로 인해 인명 피해가 커졌다는 것을 알 수 있다.

앞으로는 인재(人災)가 발생하지 않을까?

이 물음에 선뜻 '그렇다'고 답변할 수 있는 사람은 거의 없을 것이다.

인재가 발생하는 원인

남영호 침몰 사고를 계기로 여객선을 대형화하고 레이더 등의 안전 장비를 확충했으며, 페리호 침몰 사고를 계기로 선박관련 법규와 안정성 등에 관한 법적·제도적 미비점을 보완했음에도 불구하고 세월호 침몰 사고가 발생했다. 그렇기 때문에 이제는 대형 인재가 발생하는 원인을 법적·제도적 측면이 아니라 그 법과 제도를 운용하는 사람에게서 찾아야 한다고 생각한다.

그런 의미에서 사고 당시에 근무했던 사람들의 특성을 살펴보기 위해 사고 발생 시점을 기준으로 선박회사뿐만 아니라 관련 행정기관의 조직 구성원들의 연령을 20~60세 이하로 가정해서 표를 작성해 보았다.

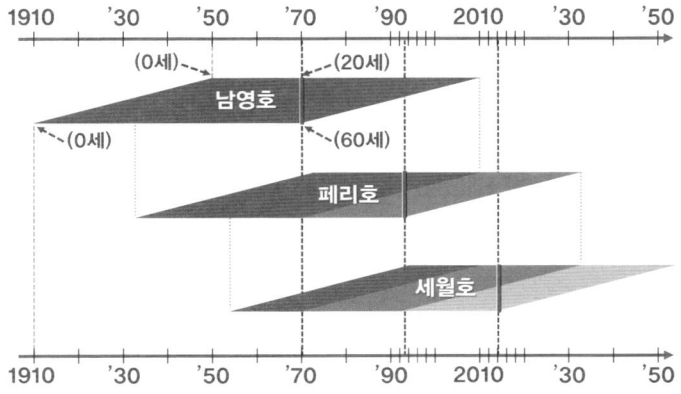

사고 당시 조직 구성원의 연령별 특성

표를 살펴보면, 남영호 침몰 사고 당시에 근무했던 조직 구성원들은 1950~60년대의 전쟁과 극심한 빈곤을 겪은 사람들이었다. 그렇기 때문에 합리적이고 바람직한 조직풍토를 기대하기 어려웠던 사람들이다.

페리호 침몰 사고 당시의 조직 구성원들은 빈곤에서 벗어나기 위한 경제개발에 매진했던 1970~80년대의 사람들이었다. 그렇기 때문에 합리적이고 바람직한 조직풍토를 기대하기에는 조금 이른 시기라고 할 수 있다. 그런데 페리호 침몰 사고 당시에 조직을 이끌었던 사람은 남영호 침몰 사고가 발생한 시기에도 근무했던 선배들이었다는 것을 알 수 있다.

세월호 침몰 사고 당시의 조직 구성원들은 빈곤에서 벗어나서 경제적 부와 삶의 질을 추구하기 시작했던 1990년대를 경험한 사람들이었다. 당시에는 국민들의 의식수준이 높아져서 합리적이고 바람직한 조직풍토를 기대할 수 있었다. 그뿐만 아니라 세월호 침몰 사고 당시에 조직을 이끌었던 사람도 페리호 침몰 사고가 발생한 시기에 근무했던 선배들이었다. 그러니까 국민들의 의식수준이 높아졌을 뿐만 아니라, 남영호와 페리호 침몰 사고를 통해서 대형 사고에 대한 경각심이 높아졌음에도 불구하고 세월호 침몰 사고가 발생한 것이다.

여기서 우리는 각종 대형 사고의 원인을 선배가 후배를 이끄는 조직 특성에서 발생하는 부작용의 하나가 아닌지 의심할 수 있다.

지난 2017년 강릉 경포호에서 '석란정' 화재사고가 발생했다. 당시 화재를 진화하다 두 소방관이 순직해서 많은 국민들이 안타까워했다.

순직한 두 소방관은 한 조로 활동하던 팀원이었는데, 한 사람은 정년을 1년 앞둔 30년 차 베테랑이었고, 다른 한 사람은 임용된 지 불과 8개월밖에 안 된 새내기 소방관이었다.

고참과 신참을 한 조로 편성하는 이유가 무엇일까?

고참과 신참을 한 조로 편성하는 것은 신참이 고참으로부터 책으로 배울 수 없는 현장에 적합한 암묵적 지식을 배우고 익히도록 하려는 것이다. 이런 방식은 소방서뿐만 아니라 모든 공공기관을 비롯한 기업체와 단체에서 조직을 유지하고 발전시키는 기본 원리이다.

그런데 선배가 후배를 이끄는 이런 방식은 정도의 차이는 있지만 선배로부터 현장에 적합한 암묵적 지식을 배우고 익히는 것뿐만 아니라 조직의 풍토와 개인의 이기주의가 맞물려서 일부 불합리하고 시대에 적합하지 않은 관행도 습득하는 것이 현실이다.

〈1장 공직의 이해〉에서 설명한 것처럼, 미국의 사회학자 오그번(W. F. Ogburn)은 저서 《사회변동론》에서 정신문화가 물질문화의 변동 속도를 따르지 못하는 현상을 문화지체라고 말했다.

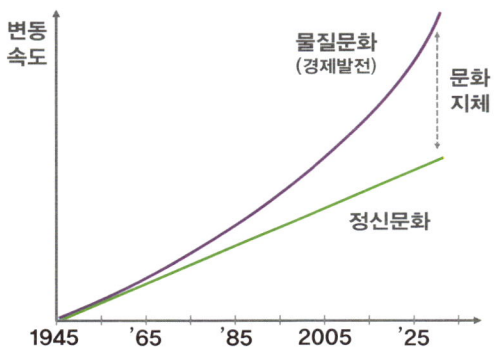

그런데 우리나라는 세계적으로 유래를 찾기 어려울 만큼 급격히 빠른 경제성장을 이룩해서 지난 1965년에 110달러였던 1인당 국민소득이 불과 60여 년 만에 300배 이상 높아졌다.

그러니까 《사회변동론》에 따르면, 경제성장 속도가 빠른 만큼 우리나라에서는 문화지체 현상도 크게 발생하고 있다고 볼 수 있다.

더구나 그 경제성장의 원동력이 상명하복을 기본으로 하는 군사문화에서 시작됐기 때문에 우리나라에서는 문화지체 현상이 더욱 크게 발생할 수밖에 없는 것이다. 따라서 인재라고 부르는 각종 대형 사고의 근본원인은 바로 문화지체 현상의 하나로 이해할 수 있다.

소극행정의 원인

'군관민', '민관군'이라는 말이 있다. '군관민'이란 1980년대 말까지 사용하던 말이고, '민관군'이란 1990년대부터 사용하기 시작했다.

'군관민'이란, 군대가 가장 앞장서고 그 다음은 관청이며 그 다음이 국민이란 의미이고, '민관군'이란 국민이 가장 우선되고, 그 다음은 관청이며, 그다음이 군대란 의미를 내포하고 있다.

우리나라는 일제치하에서 해방된 후 3년 동안 미군정 시기를 거쳤다.

그 기간 동안 선진국인 미국의 군사행정제도를 우리나라의 군사행정을 비롯한 일반 행정 전반에서 배우고 답습했다. 그렇기 때문에 정부를 수립한 후에도 군사행정이 일반 행정을 선도했었다.

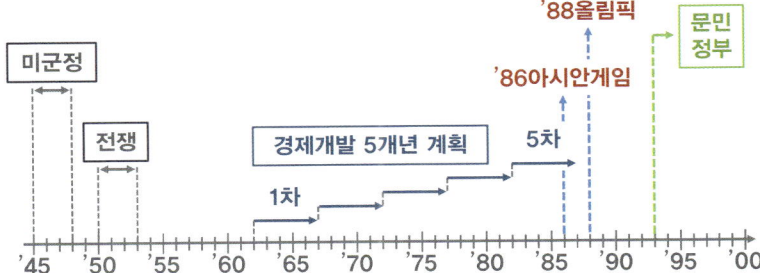

더구나 정부 수립 후 불과 2년 만에 발발한 6.25사변으로 군사행정이 정부를 이끄는 풍조는 더욱 강화될 수밖에 없었다. 그뿐만 아니라 군사행정에서 배운 정부의 일반 행정능력이 우리나라의 경제기반을 농업사회에서 산업사회로 이끌었기 때문에, 일반 기업에서도 경영기법을 관청의 행정능력이나 군사행정 기법을 따라했다.

그렇기 때문에 1980년대 말까지는 군대에서 대위나 소령으로 근무하던 사람을 일반 행정기관에 사무관으로 전직시키는 사례도 종종 있었고, 장교로 제대한 사람을 대기업에서 우대하기도 했다.

이처럼 '군관민 시대'에는 행정이 국민을 선도했기 때문에, 당시 공직자들은 도움을 청하러 찾아오는 국민들의 요구를 책상에 앉아서 관행이나 선례에 따라 처리하는 풍조가 만연했었다.

그렇지만 5차에 걸친 경제개발 5개년 계획이 '한강의 기적'을 만들고, 86아시안게임과 88올림픽을 거치면서 경제발전과 함께 민간분야의 경영능력도 빠르게 발전하기 시작했다. 그러던 중 1993년 문민정부가 출범하면서 '군관민'이란 용어가 완전히 사라지고, '민관군'이란 용어를 사용하기 시작했다.

빠르게 발전하는 민간의 경영능력이 행정능력을 조금씩 앞서기 시작하면서 행정이 국민을 선도하는 것이 아니라 국민의 요구를 쫓아가는 사례가 발생하기 시작했다. 그러니까 국민의 요구사항을 적극적으로 뒷받침하는 일이 공직자들이 해야 할 중요한 역할 중의 하나가 된 것이다.

그렇지만 '군관민 시대'의 소극적인 탁상행정에 익숙해진 공직자들로부터 '민관군 시대'가 되었다고 해서 하루아침에 그런 소극적인 행정관행이 사라질 것을 기대하는 것은 매우 어렵다.

한국행정연구원에서 공무원의 역량에 대한 국민들의 인식을 조사한 자료에 따르면, 공무원들에게 창의성이 높다는 의견은 10%에도 미치지 못하고, 가장 높게 나온 전문성도 30%에도 미치지 못해서 국민들은 공무원의 역량을 신뢰하지 않는 것으로 나타났다.

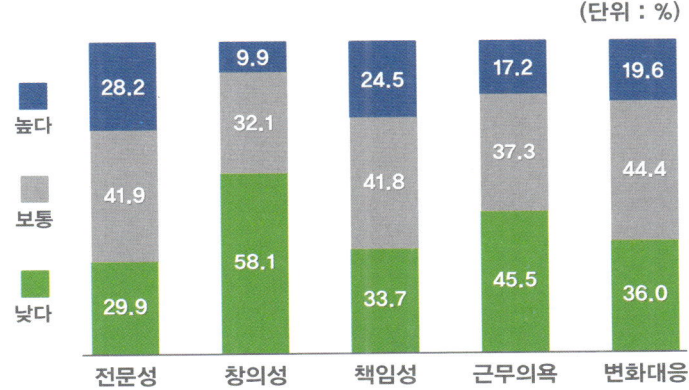

참고) 행정에 관한 국민 인식조사, 한국행정연구원(KIPA연구보고서, 2022)

이처럼 국민들이 공무원의 역량을 신뢰하지 못하는 이유는 바로 공직사회의 문화지체 현상인 소극행정 때문이라고 할 수 있다.

02
소극행정을 예방하자

그러면 소극행정이란 무엇이고, 근절하려면 어떻게 해야 하는지 등에 대해 사례와 함께 살펴보자.

소극행정의 이유

소극행정은 마치 거미줄을 쳐 놓고 먹잇감이 날아와서 걸리기를 기다리는 거미의 먹이 활동에 비유할 수 있다.

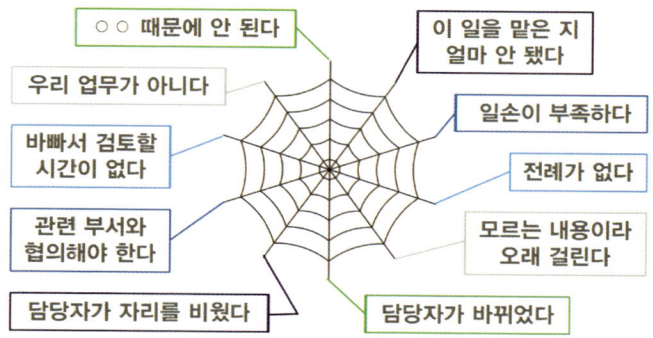

그림에서 보는 것처럼, 소극행정의 이유에는 '뭐뭐 때문에 안 된다', '우리 업무가 아니다', '일손이 부족하다' 등과 같이 매우 다양하다.

물론 이처럼 다양한 이유 하나하나가 항상 부적절하다는 것은 아니다. 그렇지만 이런 이유들이 복합적으로 그리고 반복적으로 사용된다면 그 이유의 정당성이나 합리성을 신뢰받을 수 없게 된다.

소극행정의 개념과 사례

소극행정이란, 공직자가 부작위 또는 직무태만 등의 소극적인 업무 행태로 국민의 권익을 침해하거나 국가 또는 지방자치단체에 재정상 손실을 발생하게 하는 행위를 말한다.

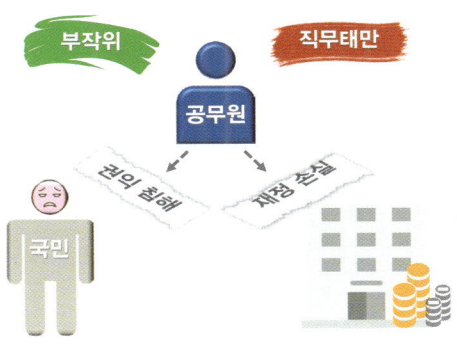

부작위란 해야 할 의무가 있는데도 이행하지 않는 것을 말하고, 직무태만이란 통상적으로 요구되는 정도의 노력이나 주의의무를 기울이지 않고 업무를 부실하게 또는 부당하게 처리하는 것을 말한다.

그런 의미에서 소극행정은 적당편의, 업무해태, 탁상행정, 기관중심

등으로 구분할 수 있다. 적당편의란 적당히 형식만 갖추어 부실하게 처리하는 것이고, 업무해태란 합리적인 이유 없이 업무를 게을리 하거나 이행하지 않는 것이다. 탁상행정이란 상황이나 법령 등이 바뀌었음에도 불구하고 합리적인 이유 없이 기존의 관행을 그대로 답습하는 것이고, 기관중심이란 공익을 위해서가 아니라 자신이나 소속기관의 이익을 위해 자의적으로 처리하는 것을 말한다.

그러면 몇 가지 소극행정 사례를 살펴보자.

적당 편의적 소극행정 사례

거리를 걷다 보면 현수막 게시대를 종종 볼 수 있다.

내가 자주 다니는 길가에도 현수막 게시대가 있었다. 경사진 인도에 설치됐기 때문에 보행기에 의존하는 노인들의 통행에 많은 불편을 주고 있었다.

현수막 게시대를 경사로에 설치할 때는 지형이 높은 쪽을 기준으로 수평을 맞추어 낮은 쪽의 게시대 기둥은 기초를 높게 설치해야 한다. 그렇기 때문에 낮은 쪽의 기초 콘크리트는 지면 위로 올라올 수밖에 없다.

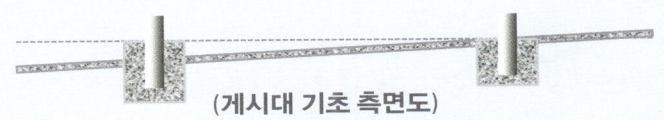

(게시대 기초 측면도)

어느 날 그 길을 지나는데 현수막 게시대를 철거하는 모습을 보았다. 그래서 잘됐다고 생각했다.

다음 날 그 길을 지나가며 살펴봤는데 게시대의 본체만 철거하고 지면 위로 올라온 기초석은 철거하지 않았다.

철거공사가 마무리되지 않은 것으로 생각했다. 그런데 한 달이 지나도 기초석이 그대로 남아 있었다. 현수막 게시대의 기둥만 철거하고 기초석은 남겨 둔 상태로 공사를 마무리한 것이었다.

그대로 두면 주민들이 통행하다 걸려서 넘어질 수도 있었기 때문에, 오히려 현수막 게시대를 철거하지 않은 것만 못하게 된 것이었다.

답답한 마음에 해당기관의 담당 팀장에게 전화해서 현황을 자세히 설명한 다음, 주민들의 통행에 불편이 없도록 조치해 달라고 요구했다.

그런데 전화로 요구한 지 한 달이 지나도록 아무런 변화가 없었다. 화가 나서 담당 과장에게 전화해서 현황을 설명하고, 한 달 전에 담당 팀장에게 전화했었는데 아무런 조치를 하지 않았다고 했다.

그럼에도 불구하고 담당 과장과 통화한 지 한 달 정도가 지나도 아무런 조치가 이루어지지 않았다. 그래서 한 달 정도 지난 어느 날, 오늘도 아무런 조치를 하지 않으면 구청장에게 항의해야겠다고 생각을 하면서 그곳을 지나는데, 어떤 사람이 망치와 정으로 그 콘크리트를 깨고 있었다. 그래서 이제야 제대로 마무리되겠구나 하고 지나쳤다.

그날 오후에 다시 그 길을 지나면서 살펴봤는데, 정으로 깨낸 부분을 시멘트로 마무리하고, 사람들이 밟지 않도록 비닐 끈으로 통행제한 표시를 해 놓았다.

그런데 자세히 보고는 황당했다. 지면 위로 올라온 콘크리트의 절반 정도만 철거하고, 남은 부분을 비스듬하게 시멘트를 발라서 마무리한 것이었다.

그러니까 철거한 시늉만 낸 것뿐이었다. 물론, 전보다는 조금 나아졌다고 할 수는 있었다.

나는 또 전화를 해야 하는지 고민했다. 그런데 아내가 그 정도라도 했으니 다행이라면서 전화하지 말라고 했다. 나도 해당 부서의 공직자들이 나를 얼마나 욕했을까 하는 생각을 하니 더 이상 전화하고 싶지 않았다.

이 사례의 경우, 현수막 게시대 철거공사를 담당했던 공직자가 현장 상태를 살펴보고 처음부터 꼼꼼하게 작업지시를 했다면 이런 일은 벌어지지 않았을 것이다. 이처럼 전문기술이나 전문지식이 필요하지 않은 단순한 업무라고 해서 적당히 형식만 갖추어 부실하게 처리하는 것이 바로 적당 편의적 소극행정에 해당된다.

업무를 해태한 소극행정 사례

문) 다음 중에서 '서부교육청'을 영문으로 표기할 때 어느 것이 맞을까?
① West office of education
② Seobu office of education

서부교육청에서 근무하던 때의 일이다.

주요업무계획 인쇄물의 표지에서 기관명의 영문표기가 ①번과 같이 된 것을 보았다. 기관명은 고유명사이기 때문에 ②번과 같이 표기해야 한다.

그런데 서부교육청의 영문표기는 내가 오래전에 시정을 건의했던 것인데 이상했다.

오래전 서부교육청에서 근무할 때였다. 우연히 교육청 버스에 ①번과 같이 표기된 것을 보고, 당시 소관 과장님에게 ②번으로 정정해야 한다고 건의했던 것이다. 그런데 그로부터 15년이 지난 지금까지도 정정하지 않고 그대로 사용하고 있었던 것이다.

나는 소관 과장에게 즉시 정정하라고 했다. 그러자 기관명의 영문표기는 본청에서 '영어교육 전문가협의회'에 의뢰해서 정한 것이라 자체적으로 수정할 수 없다고 했다. 정정하려면 본청에 건의해야 한다는 것이었다.

그런데 영어에 관한 비전문가가 기관명의 영문표기가 잘못됐다면서 본청에 수정하라고 건의하면 어떻게 될까 하고 생각해 보니, 전문가들이 작성했는데 무슨 소리냐면서 코웃음을 치고 무시할 것 같았다.

고민 끝에, 타 시·도에서 비슷한 영문표기 사례를 찾아 정리해서 부교육감님을 만났다. 부교육감님께 영문표기에 대한 의견을 제시했더니 내 의견에 동의했다. 그래서 내가 직접 소관 과장에게 재검토를 건의하면 움직이지 않을 것이라고 말씀드린 다음, 내 의견이 아니라 부교육감님이 서부교육청의 주요업무계획 인쇄물에서 기관명의 영문표기를 보고 이상해서 타 시·도의 사례를 조사해 보았다면서 소관 과장에게 재검토하도록 지시해 달라고 했다.

그 결과, 불과 일주일 만에 소관 부서에서 서부교육청의 영문표기를 정정한다는 공문이 왔다.

이 사례와 같이, 기관명의 영문표기를 시정해야 한다는 건의를 받았음에도 불구하고 구체적인 실행방안을 검토하지 않고 합리적인 이유 없이 적극적으로 처리하지 않는 것이 업무를 해태하는 소극행정에 해당된다.

탁상 행정 사례

어느 날 걷기 운동을 하러 집 근처에 있는 산에 가는데, 길가에서 가로등을 교체하기 위해 기초공사를 하는 모습을 보았다.

그런데 사진에서 보는 것처럼 종전에 설치했던 가로등을 철거하고, 그 옆에 새로 기초 콘크리트를 설치하고 있었다.

일하는 사람에게 종전에 설치했던 자리는 어떻게 하느냐고 물었더니, 미장 마감한다고 했다.

그래서 공사 책임자에게 보기에도 흉하니까 새로 기초를 만들지 말고 종전에 설치했던 자리를 활용해서 만들 수는 없느냐고 물었더니, 무슨 말인지 알겠다면서 검토해 보겠다고 했다.

다음 날 저녁 때, 걷기 운동을 하러 산에 가면서 가로등 교체 공사가 어떻게 진행되는지 살펴봤더니, 종전에 설치했던 가로등의 기초석 위에 새로 설치할 가로등의 기초석을 덧붙였다.

왼쪽 사진은 종전의 가로등 기초석 옆에 새로 가로등을 설치한 모습이고, 오른쪽은 종전의 가로등 기초석 위에 새로 가로등을 설치한 모습이다.

이 사례도 담당자가 현장을 살펴보고 공사를 진행했다면 기존의 가로등 기초석이 흉물스럽게 남지 않았을 것이다.

기관중심의 소극행정 사례

교육청 직속기관인 ○○○에서 근무하던 때의 일이다.

북향의 산 중턱에 위치한 ○○○은 산의 아랫부분에 해당되는 앞쪽 경계부분이 마을과 인접하고 있다. 택지개발지역에 설치한 것이 아니고 임야를 매입해서 설치했기 때문에 지적선이 매우 불규칙적이다. 그렇기 때문에 현실적으로 재산관리가 어려운 부분도 있다.

지적선을 붉은색 직선으로 표기한 부분의 안쪽이 마을과 인접한 ○○○ 부지이다. ○○○ 부지 안으로 마을 주민들이 관습상 사용하는 마을 안길(굵은 흰색선)이 가로지르고 있다. 이 마을 안길로 분리된 윗부분은 사실상 ○○○과 분리되어 있다.

○○○ 부지를 가로지르는 마을 안길의 윗부분뿐만 아니라 주택과 인접한 곳에는 이미 개인 주택이 점유한 부분도 있다. 그렇기 때문에 마을 안길의 윗부분과 개인 주택이 점유하고 있는 파란색 점선 윗부분은 현실적으로 공유재산으로 활용할 가치가 전혀 없고, 통상적인 재산관리도 어렵다는 것을 알 수 있다.

그분만 아니라 파란색 점선 원으로 표기한 여섯 필지의 토지는 모두 마을 안길을 이용해서 자신의 토지로 출입할 수 있는 개인 소유 토지이다.

만약 ○○○ 부지를 가로지르고 있는 마을 안길을 폐도하고 공유재산으로 활용할 경우, 이 여섯 필지의 토지는 모두 맹지가 되기 때문에 현실적으로 마을 안길을 폐도할 수 없다. 그뿐만 아니라 마을 안길 위쪽 부분의 토지에도 일부는 구거가 형성되어 공유재산으로 활용할 가치가 거의 없다.

어느 날 ○○○ 부지의 일부를 점유하고 있는 파란색 점선 원으로 표기한 4번 토지의 소유자가 주택을 증개축하려 한다는 말을 들었다. 그 주택은 이미 ○○○ 부지의 일부를 점유하고 있었기 때문에 ○○○ 부지를 사용하지 않으면 증개축할 수 없는 구조였다.

나는 주택 소유자에게 ○○○ 부지를 사용해서 주택을 증개축하면 안 된다고 했다. 그러자 그 주택 소유자는 어떻게 하면 되겠느냐면서 자신이 점유한 토지를 팔 수 없느냐고 물었다.

그래서 "이 땅은 개인 땅이 아니기 때문에 내 마음대로 할 수 없지만, 만약 ○○○ 부지를 가로지르고 있는 마을 안길을 이용하는 6필지의 토지 소유자들이 연명으로 토지를 분할해서 매각해 달라고 요청한다면 교육청에서도 적극적으로 검토할 수 있을 것"이라고 설명했다.

얼마 후, 그 집 주인이 나를 찾아와서 민원서류를 주었다. 점선 윗부분의 토지를 매각해 달라는 민원인데, ○○○ 부지를 가로지르고 있는 마을 안길을 이용하는 여섯 필지의 토지 소유자들이 모두 서명했다.

그래서 「민법」의 주위토지통행권 규정과 「공유재산법」의 용도폐지 규정을 근거로 마을 안길을 이용하는 여섯 필지의 토지 소유자들에게 ○○○ 부지를 분할해서 매각하는 것이 바람직하다는 검토의견을 첨부해서 민원서류를 교육청으로 보냈다.

> 「민법」
> 제219조(주위토지통행권) ① 어느 토지와 공로 사이에 그 토지의 용도에 필요한 통로가 없는 경우에 … 〈중략〉 … 그 주위의 토지를 통행할 수 있고 필요한 경우에는 통로를 개설할 수 있다.
>
> 「공유재산 및 물품 관리법」
> 제11조(용도의 변경 또는 폐지) 지방자치단체의장은 공유재산이 다음 각 호의 어느 하나에 해당하는 경우에는 그 용도를 변경하거나 폐지할 수 있다.
> 1. 행정재산이 사실상 행정목적으로 사용되지 아니하게 된 경우

그런데 얼마 후 교육청에서 행정재산을 분할해서 매각할 수 없다는 회신이 왔다. 분할 매각에 필요한 관련법과 처리 절차까지 검토해서 보냈는데 안 된다는 것이었다. 이의를 제기했지만, 이미 문서로 시행한 것을 뒤집을 수는 없었다.

만약 당시 민원인들이 「민법」의 주위토지통행권에 대해 알고 있었다면 민원이 확대돼서 소송으로 이어졌을 수도 있었다. 그렇게 되면 교육청에서는 당해 토지를 분할해서 매각하지 않을 수 없을 뿐만 아니라 지역 주민들과의 불화로 인해서 ○○○ 운영에 많은 어려움이 발생할 수도 있다.

이처럼 소극적인 업무처리 행태는 민원인들의 불편을 가중시키는 것은 물론이고, 기관의 부담도 가중시키게 된다.

소극행정을 신고하자

소극행정을 예방하려면 무엇보다도 신고정신이 투철해야 한다. 소극행정 행위를 알게 된 사람은 누구든지 해당 지방자치단체의 장이나 국민권익위원회에 신고할 수 있다.

이때 신고자가 지정한 소관기관의 감사부서에서는 접수된 신고사항에 대한 소극행정 여부를 판단해서 해당 부서에 통보하고 그 결과를 신고자에게 통보하게 된다. 물론, 신고 내용이 소극행정으로 판단되면, 소극행정 행위자는 당연히 그에 합당한 징계를 받게 된다.

참고로 징계기준을 살펴보면, 일반적으로 징계 수준이 가장 높은 것은 '파면'이고, 두 번째 수준은 '해임'으로 규정하고 있다. 그런데 소극행정 행위에 대해서는 두 번째 수준인 경우에도 '파면 또는 해임'으로 규정하고 있어서 징계기준이 매우 엄하다는 것을 알 수 있다.

비위 정도 및 과실 여부 비위 유형	비위의 정도가 심하고			비위의 정도가 약하고 경과실인 경우
	고의가 있는 경우	중과실이거나 비위의 정도가 약하고 고의가 있는 경우	경과실이거나 비위의 정도가 약하고 중과실인 경우	
1. 성실의무 위반				
라. 소극행정	파면	파면-해임	강등-정직	감봉-견책

그뿐만 아니라, 소극행정 행위자는 단순하게 '주의'나 '경고'를 받은 경우에도 인사상 불이익을 받게 되고, 소극행정 행위자를 지도·감독하는 관리자에게도 연대책임을 묻도록 규정하고 있다.

03
적극행정을 실천하는 방법

'적극행정'이라고 하면, 뭔가 특별한 전문지식이나 기법이 필요한 것으로 어렵게 생각할 수 있는데 전혀 어렵지 않다. 그러면 적극행정이란 무엇이고, 어떤 것이 적극행정인지 그 사례와 적극행정을 저해하는 장애요인은 무엇인지 등에 대해 살펴보자.

적극행정의 개념

적극행정 운영규정에서는 '적극행정'이란 불합리한 규제를 개선하는 등 공공의 이익을 위해 창의성과 전문성을 바탕으로 적극적으로 업무를 처리하는 행위라고 설명하고 있다.

여기서 '창의성'이란 평소와 조금 다른 새로운 관점이면 충분하다. 또한 '전문성'이라고 했는데, 모든 공직자는 자신이 맡은 업무에 관해서는 다른 사람들보다 좀 더 깊고, 좀 더 폭 넓게 알고 있다. 따라서 대부분의 공직자는 전문성이 있다고 할 수 있다. 그리고 '공공의 이익을 위해'라고 했는데, 공직자들이 하는 모든 일은 공익을 위한 것이다. 그러니까 적극행정이라고 해서 통상적인 행정과 다른 특별한 전문지식이나 기법이 필요한 것이 아니다. 다른 점이 있다면, 행정을 추진하는 공직자의 가슴과 손과 발을 조금 더 적극적으로 활용하는 것뿐이다.

그렇기 때문에 모든 공직자들은 평소에 적극행정을 추진한 경험이 있다.

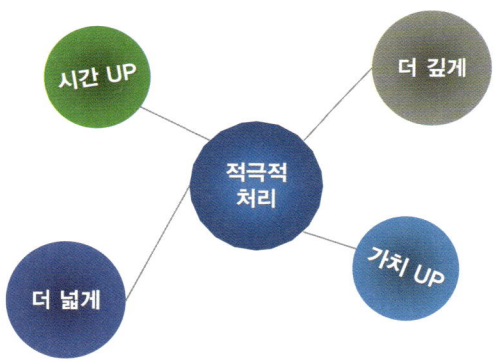

여기서 '적극적으로 처리'한다는 것은 크게 네 가지로 설명할 수 있다. 하나는 시간에 관한 것으로, 업무를 통상적인 시기보다 조금 더 일찍 추진하거나 통상적인 시간보다 짧은 시간에 마무리하는 것이다. 두 번째는 업무의 깊이에 관한 것으로, 예를 들면 어떤 문제가 발생했을 때 그 문제가 발생한 직접적인 원인만을 찾아서 해결하는 것이 아니라, 그 원인이 발생하게 된 2차적인 원인을 찾아내고, 2차적인 원인이 발생하게 된 3차적인 원인을 찾는 방식으로 근본적인 원인을 찾아서 해결방안을 강구하는 것이다. 그리고 세 번째는 업무의 폭에 관한 것으로, 공익을 추구하는 그 대상을 통상적인 범위보다 더 넓게 해석하고 더 넓게 적용하는 것이다. 네 번째는 업무추진 결과에 대한 가치를 통상적인 수준보다 더 높거나 더 크게 처리하는 것이다.

일반적으로 이 네 가지 처리방법 중에서 두 가지 이상의 방법이 복합적으로 적용된 행정을 적극행정이라고 할 수 있다.

적극행정의 유형은 크게 행태적 측면과 규정의 해석·적용 측면으로 구분할 수 있다.

행태적 측면이란, 공직자가 업무추진에 필요한 통상적인 정도의 노력보다 더 많은 노력을 기울이는 행위와 관행을 타파하거나 환경변화에 선제적으로 대응하는 행위 또는 이해관계를 조정하는 행위 등을 말한다. 여기서 통상적인 노력보다 더 많은 노력이란, 앞에서 설명한 업무를 적극적으로 처리하는 방식인 시간, 깊이, 범위, 가치 등에 관한 노력을 말한다.

규정의 해석·적용 측면이란, 법령의 해석·적용에 관한 것으로 민원인의 입장에서 불합리한 규정과 절차나 관행 등을 개선하는 행위나 환경변화에 맞게 규정을 적극적으로 해석·적용하는 행위 그리고 규정이나 절차가 마련되지 않았어도 가능한 해결방안을 모색하는 행위 등을 말한다.

적극행정 실천 방법과 사례

적극행정을 실천하는 방법은 보고서 작성 요령과 비슷하다. 먼저, 어떤 상황에 대해 '이대로 좋은가', '나중에 어떤 문제가 발생하지는 않을까' 하는 문제의식을 갖고, 현재의 상황에 대한 바람직한 미래를 설계해서 추진 목표를 설정한 다음, 어떻게 할지 추진계획을 수립해서 적극 추진하는 것이다.

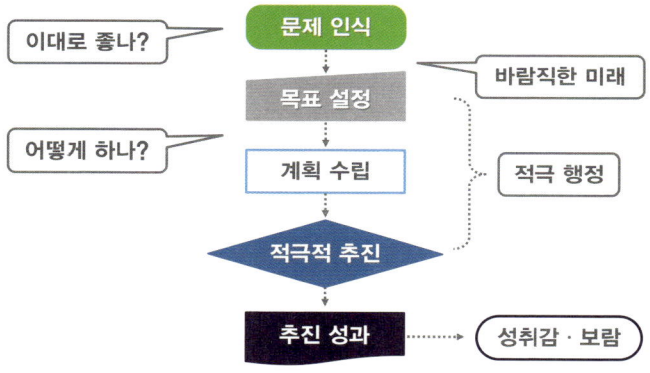

이처럼 적극행정으로 이룬 성과는 개인적으로 많은 성취감과 보람을 느낄 수 있다. 그러면, 몇 가지 적극행정 사례를 살펴보자.

사례 1. 국도 32호선 금천교차로 설치
(환경변화에 선제적으로 대응한 사례)

관재업무를 담당하던 때의 일이다.

당시 대전시교육청은 충남교육청에서 분리된 지 얼마 되지 않아서 직속기관인 ○○○이 설치되지 않았었다.

나는 ○○○ 신설부지 매입업무를 담당했었는데, ○○○ 신설부지로 공주시 반포면 봉곡리에 위치한 임야가 선정됐기 때문에, 토지 매입업무와 분묘 이장 문제로 토지 소유자를 비롯한 분묘 연고자들을 만나기 위해 수시로 반포면 봉곡리 일대로 출장을 다녔다.

어느 날, 민원인을 만나기 위해 봉곡리 마을 안길을 걸어가는데, 마을 안길의 주변에 있는 논에서 토지를 측량하는 모습을 보았다. 그런데 측량 범위가 매우 넓었다. 호기심에 측량기사에게 무슨 측량이냐고 물었더니, 마을 중심으로 4차선 국도가 설치된다고 했다.

4차선 국도가 마을 중심을 관통하면 마을을 연결하는 통행로가 설치되니까 잘됐다고 생각했다. 그런데 문득 통행로가 ○○○을 이용하는 차량의 출입에 불편하게 설치되면 어떻게 될까하는 궁금증이 생겼다.

만약 마을과 연결되는 통행로가 ○○○ 차량의 통행에 불편하게 설치되면 교육청에서 별도의 진입로를 개설할 수밖에 없고, 그렇게 되면 진입로 부지를 확보하기 위한 재정적인 부담뿐만 아니라 행정적인 부담도 매우 클 것이라는 생각을 했다.

○○○에서 운영하는 대형버스와 ○○○을 이용하는 수백 명의 교직원뿐만 아니라, 마을 주민들이 이용하는 차량이 원활하게 출입할 수 있도록 도로설치 기본계획에 반영하는 것이 최선이라고 판단한 나는, 다음 날 국토관리청에 가서 봉곡리 마을에 설치될 도로의 설계도를 열람했다.

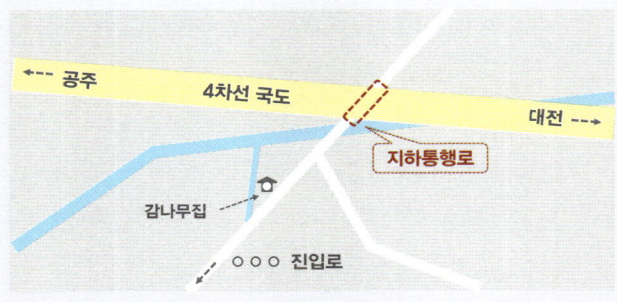

그런데 위 그림과 같이, 4차선 국도가 설치되어 남북으로 갈라진 마을을 연결하는 통행로로 좁은 지하터널 1개소만 반영되어 있었다. 더구나 그 지하터널은 경운기도 교행할 수 없는 좁은 터널이었다.

국토관리청 관계자에게 교육청의 ○○○ 설치계획을 설명하고, 대형버스와 수백 명의 교직원들이 이용하는 승용차뿐만 아니라 마을 주민들이 이용하는 차량이 안전하게 출입할 수 있도록 입체 교차로를 설치해 줄 것을 건의했다.

국토관리청 관계자는 입체 교차로를 설치하려면 많은 토지를 추가 매입해야 한다면서, 그렇게 하려면 추가경정예산을 편성해서 국회의 승인을 받아야 하기 때문에 어렵다고 했다.

그래서 최소한 대형버스가 교행할 수 있도록 지하터널을 하나 더 설치해 달라고 요구했다. 그러자 국토관리청 관계자가 그것은 검토할 수 있다면서 어느 부분에 터널을 설치하면 좋겠느냐고 내 의견을 물었다.

당시 마을 진입로는 '감나무집'이란 식당 우측에 있는 도로 하나뿐이었는데, 도로의 폭이 좁아서 차량이 교행할 수 없었다.

그래서 터널을 설치할 위치를 선정하기 위해 지도를 살펴봤는데, '감나무집' 식당의 좌측에 작은 구거가 있었다. 그 작은 구거를 복개하면 도로로 사용할 수 있겠다고 판단한 나는 그림과 같이 구거와 직선으로 연결되는 위치에 터널을 설치하는 것이 좋겠다고 했다.

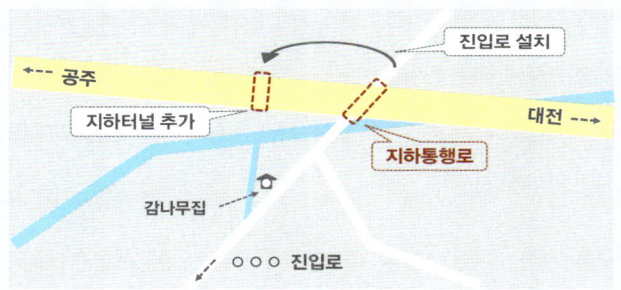

그렇게 해서 현재의 금천교차로가 설치된 것이다. 다만, 기존의 설계도에 있던 터널을 내가 지정한 위치로 옮겨서 두 개의 터널이 한 곳에 설치됐다.

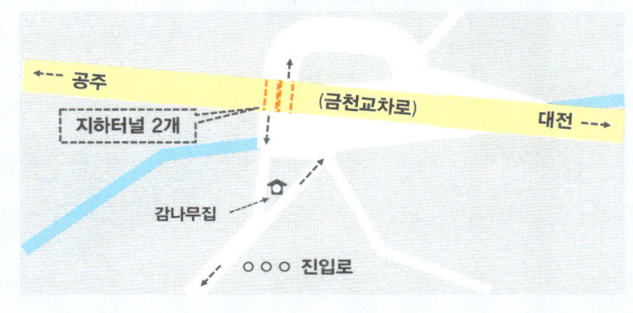

당시 내가 예상했던 대로 '감나무집' 식당의 좌측에 있던 구거를 복개해서 현재 ○○○과 마을로 진입하는 일방통행 도로로 사용되고 있다.

금천교차로가 설치되면서 내부적으로는 별도의 진입로 개설에 필요한 막대한 행·재정적 부담을 해소했고, 교직원들의 통행이 편리해졌으며, 외부적으로는 국토관리청의 당초 계획대로 좁은 지하터널 하나만 설치됐을 경우에 예상되는 지역주민들의 생활 불편을 해소해서 지역사회의 발전을 촉진시키는 계기가 되었다.

개인적으로는 30여 년이 지난 지금도 금천교차로를 지날 때마다 보람을 느끼고 있다.

사례 2. ○○초등학교 ◇◇분교 설치

학생수용업무를 담당하던 때의 일이다.

위 그림은 모 구에 위치한 공동주택 개발지역 단지 내에 위치한 ○○초등학교 ◇◇분교 위치도이다.

공동주택 개발지역에 당초에는 1,100세대를 개발할 계획이었기 때문에 12학급 규모의 학생 수용시설이 필요할 것으로 판단했었다.

해당 지역은 학구가 ○○초등학교에 속해 있지만, ○○초는 학교시설이 협소해서 12학급을 증설할 수 없었다. 그렇기 때문에 아파트 단지 내에 별도의 학교 설립을 위한 학교용지를 확보했다.

그런데 몇 년 후, 아파트 개발계획이 708세대로 축소되었고, 출산율 저하로 인한 학생 수 감소추세가 지속되면서 학교 설립 수요가 6학급으로 축소되면서 문제가 발생했다.

6학급 정도의 학생은 ○○초에 교실을 증축하면 수용할 수 있었기 때문이다.

그뿐만 아니라, 당시 학생 수 감소에 따른 유휴교실 문제가 전국적인 이슈였기 때문에 교육부에서는 학교신설을 억제하기 위해 시·도교육청에서 학교 설립을 신청하면 교육부의 중앙투자심사위원회에서 학교 설립 수요를 재검토해서 타당성을 인정받은 경우에만 학교 설립비를 지원했고, 기존 학교에 대해서도 소규모 학교 통폐합을 적극 추진했었다.

그렇기 때문에 해당 아파트 단지 내에 확보된 학교용지에 6학급 규모의 학교를 신설하겠다고 교육부에 학교 설립을 신청할 경우, 중앙투자심사위원회에서 타당성을 인정받을 가능성이 거의 없었다.

그런데 공동주택 개발지역과 ○○초 사이를 산이 가로막고 있어서, 해당지역 아파트에 입주하는 학생들이 ○○초등학교로 통학하려면 산 옆으로 개설된 인적이 드문 길을 따라 약 2.7㎞의 거리를 약 42분 동안 걸어가야 했기 때문에 통학여건이 좋지 않았다.

어떻게 하면 문제를 해소할 수 있을까 하고 고민했다. 당시 교육부에서는 초등학교 설립기준을 학급당 학생 수 35명에 36학급 이상을 원칙으로 했다. 더구나 교육재정의 부담을 줄이기 위해 학교시설사업의 일부를 민간자본으로 건설하고 일정 기간 동안 임대료를 지불하는 BTL 방식으로 추진하고 있었기 때문에, 예상 학생 수가 209명으로 6학급 정도밖에 안 되는 해당 아파트 단지 내에 학교를 신설하는 것은 거의 불가능한 조건이었다.

그런데 문득, 통학여건이 좋지 않기 때문에 지역사회에서 학교 설립을 위해 일정 부분 기여한다면 교육부에서 소규모 학교 설립을 지원할 수도 있겠다는 생각을 했다. 그래서 교육부 관계자에게 해당 아파트 단지의 현황을 설명하고 학교 설립을 위해 지역사회에서 일정 부분 기여하면 소규모 학교 설립을 지원할 수 있느냐고 문의했더니, 학교용지를 기부채납하면 분교장을 설치할 수 있을 것이라는 답변을 들었다.

그래서 한국토지공사와 공동주택개발사업자에게 학교용지를 기부채납 하면 단지 내에 소규모 분교를 설립할 수 있다고 통보하고 협조를 부탁했다.

그러자 공동주택 개발사업자로부터 단지 내에 학교 설립이 어렵다는 내용을 전달받은 아파트 입주예정자들이 교육청과 국민권익위원회에 학교 설립을 요구하는 집단 민원을 제기했다.

그 후, 학교 설립에 관련된 이해관계자 협의회를 수차례 개최했지만, 합리적인 대안은 제시되지 않고 각자의 입장만 확인하는 자리가 반복되었다.

이해관계자의 입장

교육청	학교용지를 기부채납 하면 분교 설립 추진
대전시	학교 설립계획이 확정되면 학교용지부담금을 교육청에 전출
토지공사	감정평가액으로 토지 공급
공동주택 개발사업자	학교용지부담금 20억 원을 납부했다면서 교육청에 학교 설립 요구
입주예정자	교육청에 학교 설립 요구

　결국 국민권익위원회에서 고충민원 해소를 위한 실지조사와 출석조사 그리고 현지 조정협의를 통해 조정되었다.
　조정 내용은 한국토지공사에서 학교용지를 조성원가로 공동주택 개발사업자에게 매각하고, 개발사업자는 매입한 학교용지를 교육청에 기부하며, 대전시에서는 개발사업자가 납부한 학교용지부담금 20억 원 전액을 즉시 환급하고, 교육청에서는 개발사업자가 기부한 학교용지를 채납하여 조속히 분교를 설립한다는 조건이었다. 이렇게 해서 ○○초등학교 ◇◇분교장이 설립되었다.

　지금도 그때의 일을 생각하면 마음이 뿌듯해진다. 이처럼 이해가 상충되는 경우에도 이를 회피하지 않고 적극적으로 상대방의 입장을 파악해서 해소하는 방법을 찾아 적극적으로 추진하면, 일의 성과도 좋을 뿐만 아니라 개인적으로도 큰 성취감과 보람을 느낄 수 있다.

사례 3. 88년 서울 올림픽 개최

　우리나라는 아시아에서 두 번째로 개최한 88서울올림픽을 계기로 제2의 경제도약을 이룩할 수 있었다.

　88서울올림픽 유치계획은 지난 1979년 10월 8일 KBS 뉴스를 통해 발표됐다. 그런데 발표한 지 불과 18일 후에 박정희 대통령이 서거하면서 올림픽 유치계획은 국민들의 관심에서 멀어졌다.

　그로부터 1년 후 정부에서 올림픽 유치에 관한 최종 의견을 수렴했다. 당시 서울시장은 올림픽 유치를 반대하는 의견을 제출했는데, 박정희 대통령에게 올림픽 유치를 처음 건의했던 대한체육회장은 올림픽 유치를 강력히 주장했다. 결국 국제올림픽위원회(IOC)의 올림픽 유치 신청서 접수 마감일로부터 3일 전인 1980년 11월 27일 전두환 대통령이 올림픽 유치 신청서를 제출하는 것으로 결정했다.

　당시 IOC에 88년 올림픽 유치 신청서를 제출한 도시는 서울과 일본의 나고야 두 곳뿐이었다.

　그 후, IOC에서 올림픽 개최도시를 선정하는 투표일인 1981년 9월 30일로부터 불과 2주 전인 9월 16일 올림픽 유치위원장으로 위촉된 현대 정주영 회장의 적극적인 활동으로 88서울올림픽을 유치하게 된 것이다. 그 과정에 세상에 알려지지 않은 이야기가 있다.

　1981년 9월 18일 올림픽을 유치하기 위해 독일 바덴바덴으로 파견된 우리 유치단원들은 일본과의 경쟁에서 승리할 가능성을 매우 희박한 것으로 예상했다. 더구나 우리 유치단은 활동비도 부족해서 일본에서는 IOC 위원들에게 고급 시계를 선물했지만, 우리 유치단은 꽃다발을 선물하는 것으로 대신했다.

그렇지만 정주영 유치위원장은 한 가닥 희망의 불씨를 찾았다. 올림픽 유치단원들이 독일 바덴바덴에 도착했을 때, 정주영 위원장은 영국 런던으로 갔다. 영국의 IOC 위원 2명과 점심 식사를 함께하면서 88올림픽을 나고야에서 개최하면 일본은 올림픽을 두 번 개최할 뿐만 아니라, 일본의 경제와 산업이 크게 발전할 것이라고 설명했다. 일본의 경제발전을 경계하는 유럽 사람들의 심리를 자극하면 독일과 영국, 프랑스 등의 유럽 IOC 위원들을 우리 편으로 만들 수 있다고 생각한 것이다.

일본의 강점을 나고야의 약점으로 활용하는 전략으로 조금씩 바덴바덴의 여론을 끌기 시작하자, 유럽의 최대 스포츠웨어 제조회사인 '아디다스'의 다슬러 회장이 정주영 위원장을 찾아왔다.

독일 기업인 '아디다스'의 다슬러 회장은 IOC에서 영향력이 가장 큰 사람이었다. 다슬러는 자신이 도움을 줄 경우 과반수가 넘는 46표가 서울을 지지할 것이라면서 조건으로 올림픽 방영권과 영업권을 줄 수 있느냐고 제안했다. 정주영 위원장은 46표에 독일과 영국, 프랑스 등의 6표가 포함되는지를 물었다. 당시 이들 3개국에는 IOC 위원이 2명씩 있었다. 다슬러는 독일과 영국, 프랑스는 자신이 컨트롤할 수 없다고 했다.

이에, 정주영 위원장이 다슬러의 제안을 받아들여서 투표 결과 52 대 27로 나고야를 누르고 올림픽을 유치하게 된 것이다. 다슬러가 제시한 46표와 독일, 영국, 프랑스의 6표를 획득한 것이다.

이처럼 88서울올림픽을 개최하게 된 배경에는 적극행정 유형 두 가지가 복합적으로 작용했다는 것을 알 수 있다. 하나는, 군관민 시대임에도 불구하고 민간경영의 최고 전문가인 정주영 회장을 유치위원장으로 위촉한 것으로 급속한 경제성장에 따른 환경변화에 선제적으로 대응한 적극행정에 해당된다. 또 다른 하나는, 정주영 위원장이 일본의 경제발전을 경계하는 유럽 사람들의 심리상태를 활용한 전략으로 이해관계를 조정한 적극행정에 해당된다.

물론 적극행정을 실천하다고 해서 모든 일을 다 성공하는 것은 아니다.

사례 4. 적극행정을 실패한 사례

관재업무를 담당하던 때의 일이다.

모든 학교에는 세 가지 경계선이 있다. 하나는 학교 부지의 지적선에 따른 학교 재산으로서의 경계이고, 또 다른 하나는 학교는 도시계획시설이기 때문에 도시계획선에 의한 공공시설로서의 경계이며, 마지막으로 학교 담장에 의한 물리적 경계이다.

그런데 이 세 가지 경계선이 일치하지 않는 경우가 많다. 택지개발지역에 설립된 학교는 이 세 가지 경계선이 대부분 일치하지만, 오래된 학교일수록 서로 일치하지 않는 경우가 많다.

학교 부지를 개인이 점유하는 사례도 있고, 학교 부지를 개인이 점유하고 있다는 사실을 학교 관리자가 모르고 있는 경우도 있다.

그래서 학교의 재산관리 실태를 파악해서 이런 문제점을 개선하기 위해 「학교 부지 관리실태 조사 계획」을 수립하고, 관내 전체 초·중·고등학교로부터 도시계획 확인원과 학교 부지 지적도면 그리고 담장 설치도면을 제출받았다.

세 가지 도면을 살펴본 다음, 경계가 일치하지 않는 학교를 찾아가서 경계 현황을 확인하고 문제점을 해소하는 방안을 학고에 제시해 주는 방법으로 업무를 추진했다.

어떤 학교에서는 학교 부지인데 소유권자가 일본인 명의로 남아 있는 토지도 있었고, 어떤 학교에서는 학교 부지가 뱀 꼬리처럼 학교 담장 밖으로 길게 뻗어 있는 토지도 있었다.

이처럼 업무추진 성과를 거두기 시작하자, 직속상관인 계장님(당시에는 팀장이란 용어를 사용하지 않았다)이 학교에 같이 가서 살펴보자고 했다. 그래서 계장님과 함께 문제가 있다고 판단되는 학교에 출장을 다니기 시작했다.

그러던 어느 날 학교 현장을 확인하기 위해 과장님에게 출장 신청서 결재를 올렸다. 그런데 과장님이 특별한 이유 없이 결재를 거부했다. 그래서 다음 날, 다시 출장 신청서 결재를 올렸는데 과장님이 또 결재를 거부했다. 결국 학교 현장을 확인할 수 없게 되면서 학교 부지 관리 실태를 확인하는 업무를 중단할 수밖에 없었다.

얼마 후, 과장님이 출장 결재를 거부한 이유를 알았는데, 평소 계장님과 과장님의 관계가 원만하지 않았기 때문이었던 것이다.

그 후, 퇴직할 때까지 그 일을 마무리하지 못한 것에 대한 아쉬움을 지울 수 없었다.

이처럼, 관리자의 불합리하고 소극적인 마인드와 같이 계상치 못한 이유로 적극행정이 실패하는 경우도 있다.

적극행정 장애요인

많은 공직자들이 정도의 차이는 있지만 새로운 업무가 주어지면 그 업무를 회피하거나 방관하기도 하고, 그 업무를 담당하지 않을 핑계나 불만 또는 변명거리를 찾는 등의 적극행정을 저해하는 다양한 잡념에 빠지게 된다. 다만, 이런 잡념들이 구체적인 행동으로 이어지느냐 생각으로 끝나느냐의 차이가 있을 뿐이다.

모난 돌이 정 맞는다.

이 속담 때문에 '가만히 있으면 중간은 간다'는 말이 생겼다. 개성과 창의성을 중시하는 요즘과는 전혀 어울리지 않는 말이다. 이런 속담이나 말이 적극행정을 저해하는 요인으로 작용하게 된다. 요즘에는 정을 많이 맞을수록 명품이 될 가능성이 높아진다.

이처럼 적극행정을 저해하는 장애요인은 크게 환경적 요인을 비롯해서 제도적 요인과 개인적 요인 그리고 조직적 요인으로 구분할 수 있다.

'환경적 요인'이란 융통성 없이 경직된 조직 환경이나 전혀 예상하지 못한 원인으로 발생하는 민원인이나 정치인의 간섭 때문에 적극행정을 추진하려는 의욕을 좌절시키는 것을 말한다.

'제도적 요인'이란 급격하게 변화하는 사회현상에 법규가 합리적으로 부응하지 못하고 관행이나 선례를 우선시하는 풍토를 말한다.

'개인적 요인'이란 '모난 돌이 정 맞는다' 또는 '가만히 있으면 중간은 간다'는 말처럼 일이 잘못되었을 경우에 받을 수 있는 인사상 불이익을 우려하는 심리를 말한다.

'조직적 요인'이란 결재권자의 소극적 성향이나 통제와 적발에 초점을 둔 감독체제 또는 너무 잦은 인사이동으로 담당 업무에 대한 전문성을 키울 시간이 부족해서 적극행정을 하지 못하는 것을 말한다.

이런 적극행정 장애요인을 방치할 경우 역으로 소극행정을 부추기는 요인으로 작용할 수 있다. 그렇기 때문에 자신이 추진하려는 적극행정 방법이 타당성이나 합리성 측면에서 확신이 서지 않는 경우에는 적극행정 지원제도를 활용해서 도움을 받는 것이 좋다.

04
적극행정 지원제도

「적극행정 운영규정」에서는 적극행정을 활성화하기 위해 적극행정을 실천하는 공직자를 보호하는 방법과 적극행정에 대한 확신이 서지 않는 경우에 도움을 줄 수 있도록 적극행정위원회와 사전컨설팅제 운영에 관하여 규정하고 있다. 그뿐만 아니라 적극행정을 국민이 직접 신청할 수 있는 방법에 관해서도 규정하고 있다.

적극행정 공직자 보호제도

공직자들이 적극행정을 망설이는 이유는 대부분의 경우 일이 잘못되었을 경우에 받을 수 있는 인사상 불이익에 대한 두려움 때문이다.

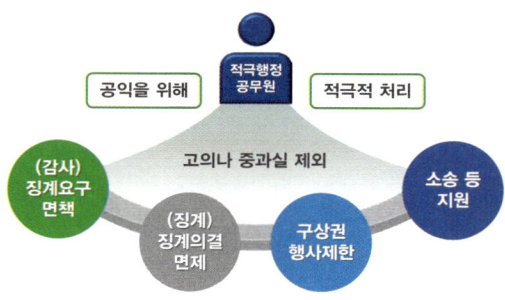

그렇기 때문에, 적극행정의 결과가 잘못되었을 경우에도 공직자에게 고의나 중과실이 없는 경우에는 그 책임을 면제하거나 감경하도록 규정하고 있다.

여기서 주목할 것은, 적극행정의 과정에 사적 이해관계나 중대한 절차상 하자가 없는 경우에는 고의나 중과실이 없는 것으로 인정한다는 것이다.

또한, 적극행정으로 손해가 발생한 경우에는 공직자에 대한 구상권 행사를 자제하고, 적극행정으로 인해서 공직자에게 민사 또는 형사적 소송이 제기되는 경우에는 소송대리인을 선임할 수 있도록 지원하고 있다.

적극행정 공직자 보상제도

적극행정 운영규정에서는 적극행정 우수공직자에게 반드시 하나 이상의 인사상 인센티브를 부여하도록 의무화하고 있다. 또한 우수공직자의 50% 이상에게는 반드시 특별승진이나 특별승급 등의 파격적인 인센티브를 부여하도록 규정하고 있다.

그뿐만 아니라, 적극행정 우수공직자를 적극 발굴하도록 활성화하기 위해 적극행정 기관평가를 실시해서 조직성과 평가에 적극행정을 위한 노력도를 반영하도록 규정하고 있다.

적극행정위원회

적극행정위원회는 공직자나 기관에서 독자적으로 판단하기 어려운 고민을 덜어 주기 위한 기구로 9명 이상 15명(지방자치단체 45명) 이하로 구성하는데, 위원의 과반수 이상을 민간인으로 구성한다.

위원회에서는 적극행정 관련 정책수립에 관한 사항과 공직자나 감사기구에서 의견을 요청한 사항, 그리고 우수공직자 선발과 우수사례 선정에 관한 사항 등을 심의한다. 다만, 법령에 명확히 규정하고 있는 사항이나 충분히 검토하지 않은 사항 그리고 이미 처분이 행해진 사항이나 수사나 감사 또는 소송이 진행되고 있는 사항은 심의하지 않는다.

사전컨설팅

사전컨설팅 제도는 자체감사 대상기관의 장이 소속 공직자가 적극행정을 추진하는 과정에 불명확한 법령으로 의사결정이 어려운 경우, 자체감사기관에 업무의 적법성이나 타당성 등에 대한 검토를 요구하는 제도이다.

그렇지만 적극행정위원회의 심의대상이 아닌 사항이나, 단순한 민원해소나 소극행정의 책임을 회피하려는 수단으로 이용하려는 사항 등은 컨설팅 대상이 아니다.

국민신청제

적극행정 국민신청제는 국민권익위원회에서 운영하는 국민신문고를 이용해서 신청하는데, 공익을 목적으로 하는 민원이나 제안 신청이 반려된 사항 그리고 법령이 없거나 명확하지 않다는 이유로 거부되거나 불채택 통지를 받은 사항 등을 적극적으로 해결해 달라고 신청하는 제도이다.

그렇지만 처음 신청하는 민원이나 제안 사항을 비롯해서 정치적 판단이 필요한 사항과 구제 절차가 진행 중인 사항 그리고 판결로 확정된 사항이나 사인간의 권리관계에 관한 사항 또는 단순 질의나 진정에 관한 사항과 공직자의 인사행정에 관한 사항 등은 신청대상이 아니다.

생각이 바뀌면 운명이 바뀐다.

적극행정은 국민을 위한 공익을 실현하는 데 반드시 필요할 뿐만 아니라, 공직자 자신의 성공적인 공직 생활을 위해서도 필요하다.

알베르트 아인슈타인은 '어제와 똑같이 살면서 다른 미래를 기대하는 것은 정신병 초기증세'라고 말했다.

급격히 변화하는 시대에 일을 통해서 성취감과 보람을 느끼는 성공한 공직자가 되기 위해서는 보다 확실한 변화가 필요하다.

모든 민원을 국민의 입장에서 공감하면서 반드시 해결방법이 있을 것이라는 긍정적인 생각과 창의적인 사고로 기존 방식과 다른 새로운 방식을 찾아 주도적으로 문제를 해결하겠다는 생각으로 적극행정을 실천하는 공직자는 일을 통해서 보다 많은 성취감과 보람을 느끼는 성공한 공직자가 될 수 있다.

마무리하며

 9급으로 시작해서 3급으로 정년퇴직하기까지 37년 동안의 공직 생활 경험을 바탕으로 공직자뿐만 아니라 공직을 희망하는 취업 준비생들에게 조금이라도 도움을 줄 수 있다면… 하는 바람으로 시작한 글이 6장으로 이어졌다.

 〈1장 공직의 이해〉에서는 공직이란 무엇이고 어떻게 해야 공직 생활을 성공할 수 있는지 등에 대한 기본적인 이해를 도우려 했고,

 〈2장 공직 마인드〉에서는 공직자가 성공하기 위해 갖추어야 할 기본 마인드가 무엇인지를 제시했으며,

 〈3장 긍정적 평판을 만들자〉에서는 조직에 꼭 필요한 사람으로 인정받으려면 어떻게 해야 하는지 그 실천 방법을 설명했다.

 〈4장 업무관련 공적 소통〉에서는 공직자가 업무를 추진하는 과정에 반드시 필요한 소통 방법에 대해 상황별로 제시했으며,

 〈5장 팀장의 자질과 역할〉에서는 '공직의 꽃'이라고 불리는 팀장이 갖추어야 할 자질은 무엇이고 어떤 역할을 해야 하는지 등을 제시했다.

마지막으로 〈6장 적극행정, 공직자 성공의 조건〉에서는 요즈음 공직사회에서 화두로 떠오르고 있는 적극행정이 왜 필요하고, 실천하려면 어떻게 해야 하는지 등에 대해 살펴보았다.

 각 장의 세부 내용은 이해를 돕기 위해 사례를 중심으로 작성했다. 부디 이 글이 공직자들에게 성공의 길을 걸을 수 있도록 밝혀 주는 반딧불 역할이라도 할 수 있기를 소망한다.